Social Media Marketing:

Wie Sie Facebook und Instagram richtig nutzen, Ihre Bekanntheit erhöhen und mehr Kunden gewinnen.

Till Krings

Facebook-Marketing

Inhaltsverzeichnis

1. Grundlagen

Facebook hat das Internet verändert. Es ist zu einem gewaltigen Netzwerk innerhalb des Internets gewachsen, das sozusagen einen Kosmos für sich bildet. Ob das auch in Zukunft so sein wird, bleibt abzuwarten, aber derzeit führt an Facebook kein Weg mehr vorbei. Fast ein Viertel der Erdbevölkerung nutzt es und ist per Facebook erreichbar – damit hat Facebook eine einmalige Reichweite, die kein anderes soziales Netzwerk in dieser Form bietet.

Kennzahlen zu Facebook

Einige wichtige Kennzahlen in der Übersicht:

- Mehr als 1,5 Milliarden Menschen haben einen Facebook-Account.
- 73 Prozent aller Konsumenten sind der Ansicht, dass Facebook das wichtigste soziale Netzwerk für lokale Unternehmen ist.
- 61 Prozent aller kleineren Unternehmen sind bereits auf Facebook zu Marketing-Zwecken aktiv.

- Insgesamt gibt es über 50 Millionen Facebook-Seiten, davon werden 40 Millionen von kleineren Firmen betrieben.
- 2,5 Millionen Advertiser nutzen Facebook als Kanal, um Werbung zu betreiben.
- 75 Prozent der Marken bewerben ihre Post auf Facebook.
- 70 Prozent des Facebook-Traffics wird von Usern mit mobilen Endgeräten verursacht.

1.1. Welche verschiedenen Facebookinhalte gibt es?

Inhalte auf Facebook können in folgende drei Kategorien unterteilt werden: In Facebookprofile, Facebook-Seiten und Facebookgruppen. Auf den ersten Blick sehen diese verschiedenen Facebookinhalte sehr ähnlich aus. Es gibt aber gravierende Unterschiede zwischen den drei Gruppen, die sich aus der Nutzung und den Möglichkeiten ergeben, die die jeweiligen Kategorien bieten.

1.1.1. Facebookprofile von Personen

Facebookprofile sind Nutzerprofile natürlicher Personen. Sie können auch für gewerbliche Zwecke verwendet werden, allerdings ist von dieser Nutzung abzuraten, weil sie nicht dafür konzipiert sind. Außerdem kann ein Facebookprofil nur von einer natürlichen Person angelegt werden. Facebookprofile dienen dazu, sich mit anderen Facebookusern auszutauschen und sind eine Art soziales digitales Tagebuch. Für gewerbliche Zwecke sind Facebookprofile nur bedingt geeignet, obwohl auch das vorkommt und manche Nutzer ihre Profile auch für geschäftliche Zwecke verwenden. Private Facebookprofile haben aber zum Beispiel ein Limit, was die Zahl der Freunde betrifft, die pro Profil akzeptiert werden können. Es liegt auch in der Natur der Sache, dass sich private und geschäftliche Inhalte auf einem privaten Facebookprofil nur schwer sinnvoll trennen lassen. Bei solchen doppelt genutzten Seiten stellt sich immer das Problem, wer am Ende was zu sehen bekommen will. Vermutlich wollen Sie Ihren potentiellen Kunden und Interessenten nicht unbedingt Ihre Urlaubsfotos, Katzenvideos und Partybilder zusammen mit Ihren Produkten und Dienstleistungen zeigen.

1.1.2. Facebookgruppen

Facebookgruppen sind eine weitere interessante Inhaltsform auf Facebook. Facebooknutzer können sich auf Facebook zu Gruppen zusammenschließen. Diese Gruppen können verschiedensten Zwecken dienen. Katzenliebhaber können sich ebenso wie Auswanderer, Oldtimerfans oder strenggläubige Christen zu Gruppen zusammenschließen, um zu helfen, sich untereinander auszutauschen oder einfach nur zu unterhalten. So gibt es zum Beispiel Gruppen, in denen Nutzer bestimmte Produkte besprechen. Für größere Firmen kann es interessant sein, zu bestimmten Produkten Gruppen einzurichten, in denen sich Kunden untereinander austauschen und gleichzeitig mit der Firma in Kontakt treten können.

1.1.3. Facebookpages

Facebook-Seiten unterscheiden sich von Facebookprofilen dadurch, dass es sich eben nicht um Profile privater Personen handelt. Facebook-Seiten können für Unternehmen angelegt werden, aber ebenso für einzelne Produkte oder Themen. So ist eine Facebook-Seite mit dem allgemeinen Thema „Segelsport“ ebenso denkbar wie eine Seite zu einem Film, Buchtitel oder anderen Produkt. Facebook-Seiten sind die mit Abstand flexibelste Inhaltsform auf Facebook. Wenn es um die Außendarstellung von Unternehmen geht, ist die Facebook-Seite das Mittel der Wahl.

1.2. Warum Sie eine separate Fanpage brauchen

Wie bereits ausgeführt, private Facebookprofile haben andere Funktionen als Facebook-Seiten und sind nicht optimal für eine gewerbliche Nutzung geeignet. Auch wenn Sie als Einzelunternehmer tätig sind und Ihr Unternehmen mit Ihrer Person identisch ist, sollten Sie eine zusätzliche gewerbliche Facebook-Seite anlegen, um geschäftliche und private Inhalte klar voneinander zu trennen. Es kann sonst im Laufe der Zeit immer schwieriger und unübersichtlicher werden, Ihr Privatleben und geschäftliche Beiträge klar voneinander abzugrenzen.

Eine Facebook-Seite können Sie von Anfang an gezielt auf den geschäftlichen Verwendungszweck hin ausrichten und sich so präsentieren, wie es der gewerbliche Einsatzzweck erfordert. Deshalb: Trennen Sie Privates und Geschäftliches, irritieren Sie Ihre Kunden nicht mit Ihren Urlaubsfotos und Katzenvideos.

Außerdem sind private Facebookprofile limitiert, was die Zahl möglicher Facebookfreunde betrifft. Bei 5.000 Facebookfreunden ist Schluss, mehr ist im System nicht vorgesehen. Facebook-Seiten können hingegen unendlich viele Fans haben, es gibt hier kein Limit nach oben.

1.2.1. Was eine Facebook-Seite leisten kann

Eine Facebook-Seite kann Großartiges leisten. Sie können sie nutzen, um zusätzliche Besucher für Ihre vorhandene Webseite zu gewinnen oder neue Abonnenten für eine Newsletterliste anzulegen. Sie können vorhandene Kunden und Interessenten an Ihr Unternehmen binden.

1.2.2. Was eine Facebook-Seite nicht kann

Facebook ist nicht Amazon oder Ebay und nicht der richtige Platz, um Produkte oder Dienstleistungen direkt an Endkunden zu verkaufen. Zumindest nicht für Unternehmen. Es gibt Privatleute, die selbstgemachte Produkte wie Marmelade oder Ähnliches an ihre Facebookfreunde verkaufen. Das kann funktionieren. Für Unternehmen ist Facebook nicht der ideale Ort zum Verkauf. Der

Grund ist bei etwas Nachdenken völlig offensichtlich: Facebook ist ein Ort, an dem sich Menschen mit anderen Menschen über ihre Interessen austauschen wollen. Sie möchten dort nicht mit Werbung überflutet werden.

1.3. Die Gestaltung der Fanpage

Achten Sie bei der Gestaltung Ihrer Facebook-Seite darauf, Ihre bestehende Corporate Identity soweit möglich in die Gestaltung der Facebook-Seite mit einfließen zu lassen. Da das Design der Facebook-Seite nur an wenigen Punkten beeinflusst werden kann, bieten sich dafür vor allem die Grafiken an.

1.3.1. Die Headergrafik

Die Kopf- bzw. Headergrafik Ihrer Facebook-Seite ist ein wichtiges Designelement. Bei Facebook-Seiten spielt der erste Eindruck eine entscheidende Rolle, genau wie bei Webseiten. Die Headergrafik ist ein Aushängeschild und zusammen mit dem Profilfoto eins der wichtigsten Designelemente Ihrer Facebook-Seite. Die Headergrafik sollte eine Größe von 828 x 315 px aufweisen, damit sie auf allen Endgeräten bestmöglich angezeigt wird. Benutzen Sie ein Bild, das im weitesten Sinne mit Ihrem Business zu tun hat. Es sollte emotional sein und eine positive Aussage transportieren.

1.3.2. Das Profilbild

Die zweite wichtige Grafik, die sogar noch mehr Blicke anzieht, ist das Profilbild. Das Profilbild sollte eine Größe von 180 x 180 px haben. Es ist also quadratisch. Im Profilbild können Sie wahlweise ein Firmenlogo oder z.B. ein Foto des Inhabers posten. Das Bild einer Person kommt natürlich besonders bei Einzelunternehmern und Freiberuflern in Betracht. Halten Sie sich unbedingt an die vorgeschriebene Größe, damit Ihr Profilbild von der Seite optimal angezeigt wird.

1.4. Rechtliche Dinge, auf die Sie achten müssen

Deutschland ist nicht umsonst eins der Länder mit dem unübersichtlichsten und kompliziertesten Onlinerecht. Das macht sich auch bemerkbar, wenn Sie eine eigene gewerbliche Facebook-Seite für Ihr Unternehmen einrichten. Genau wie eine eigene Webseite muss auch Ihre Facebook-Seite den Anforderungen des Telemediengesetzes genügen.

1.4.1. Das Impressum

Genau wie für Ihre gewerbliche Webseite benötigen Sie für Ihre Facebook-Seite ein vollständiges Impressum, das den gesetzlichen Anforderungen genügt.

Eine Facebook-Unternehmensseite ist letztlich wie eine eigene Website zu behandeln und benötigt – wie jede geschäftsmäßig betriebene Onlinepräsenz – ein Impressum.

Ein rein privat genutztes persönliches Facebook-Profil braucht dagegen grundsätzlich kein Impressum. Sollten Sie aber auf Ihrem privaten Profil häufig geschäftliche Inhalte posten und geschäftliche Kontakte pflegen, kann sogar Ihr privates Profil unter die Impressumspflicht fallen.

Wörtlich heißt es in § 5 Abs. 1 Telemediengesetz (TMG) (Allgemeine Informationspflichten):

> *Diensteanbieter haben für geschäftsmäßige, in der Regel gegen Entgelt angebotene Telemedien folgende Informationen leicht erkennbar, unmittelbar erreichbar und ständig verfügbar zu halten (...)*

Was soll das Ganze? Nun, es geht darum, dass Ordnungs- oder Strafverfolgungsbehörden jederzeit dazu in der Lage sein sollen, den Seitenbetreiber ausfindig zu machen, um einen Verantwortlichen zu haben im Falle einer tatsächlichen oder vermeintlichen Rechtsverletzung.

Was muss rein? – Pflichtangaben im Impressum

Das Impressum muss die folgenden Pflichtangaben enthalten:

- Name/Firma und die Anschrift. Es muss eine Straßenadresse sein, eine Postfachanschrift wird nicht akzeptiert.
- Vertretungsberechtigte: Dies können nur natürliche Personen sein!
- E-Mail-Adresse
- Die zuständige Aufsichtsbehörde, wenn eine behördliche Zulassung erforderlich ist, z.B. bei Immobilienmaklern
- Eintragung im Handels-, Vereins- oder Genossenschaftsregister unter Angabe des Registers und der Registernummer
- Bei „geschützten Berufen“ (z.B. Ärzten, Rechtsanwälten, Architekten): Die Kammer, die gesetzliche Berufsbezeichnung und besondere berufsrechtliche Regelungen mit dem Zugang hierzu
- Sofern vorhanden: Umsatzsteuer-Identifikationsnummer
- Eine Telefonnummer muss nicht unbedingt angegeben

werden, wenn über ein elektronisches Kontaktformular innerhalb angemessener Zeit nach Kontaktaufnahme geantwortet wird und dem Nutzer auf Verlangen ggf. in besonderen Situationen ein anderer, nicht-elektronischer Kontaktweg zur Verfügung gestellt wird.

Damit ist es allerdings immer noch nicht getan. Die Angaben müssen auch noch an der richtigen Stelle platziert werden. Das Gesetz verlangt, dass die Impressumsangaben

- leicht erkennbar,
- direkt erreichbar
- und immer verfügbar

sein müssen. Der Bundesgerichtshof hat diese Anforderungen inzwischen in konkrete Regeln gegossen: Der durchschnittlich informierte Internetnutzer muss jederzeit mit maximal zwei Klicks zu den betreffenden Informationen gelangen können.

Außerdem muss gewährleistet sein, dass:

- kein übermäßiges Scrollen nötig ist,
- eine eindeutige Bezeichnung („Impressum“, „Kontakt“) vorhanden ist,

- zur Anzeige keine Pop-Up-Fenster oder Java-Script verwendet und das Impressum nicht nur in PDF- oder Grafikdateien angeboten wird.

Bezüglich der Bezeichnung sind Sie mit „Impressum“ auf der sicheren Seite.

Das Impressums-Feld

Bei Ihrem Facebook-Impressum muss nicht nur die Desktopversion, sondern auch die mobile Darstellung den gesetzlichen Vorgaben und den Vorgaben der Rechtsprechung genügen. Facebook bietet seit kurzem ein spezielles (Impressums-)Feld an, in dem das Impressum untergebracht werden kann. Dieses offizielle Impressums-Feld wird von Facebook mittlerweile auch auf allen mobilen Endgeräten korrekt angezeigt. Bei dem sozialen Netzwerk ändert sich die Darstellung aber so häufig, dass Sie regelmäßig kontrollieren sollten, ob das Impressumsfeld auch zukünftig – und auf allen unterschiedlichen mobilen Endgeräten – korrekt angezeigt wird.

In diesem Zusammenhang hat das OLG Düsseldorf entschieden, dass ein Plattformbetreiber seinen Nutzern ein Impressum ermöglichen bzw. ein spezielles Impressums-Feld bereitstellen muss. Ob Facebook den deutschen Nutzern diesen Gefallen aufgrund des Urteils getan hat oder ob das Ganze schon lange geplant war, ist nicht bekannt. Auch das Business-Portal Xing bietet diese Möglichkeit inzwischen an.

Eine sehr sinnvolle Vorgehensweise ist es, wenn Sie einen direkten Link von Ihrer Facebook-Seite auf das Impressum Ihrer eigenen Webseite legen und das auch bei allen anderen Social-Media-Auftritten so halten. In diesem Fall haben Sie nämlich immer nur ein Impressum für alle Seiten, dass Sie warten und auf dem aktuellen Stand halten müssen. Wenn später einmal Änderungen notwendig werden sollten, müssen Sie das Impressum nur einmal auf Ihrer Webseite ändern und haben damit dann automatisch auch alles andere auf dem aktuellen Stand.

1.5. Schreiben Sie den ersten Facebookpost für Ihre Fanpage

Sie haben Ihre Facebook-Seite jetzt eingerichtet, perfekt gestaltet und die notwendigen Texte eingebaut, damit Sie juristisch auf der sicheren Seite sind und keine Abmahnung kassieren (Impressum, Datenschutz). Jetzt ist es soweit. Es wird Zeit, den ersten Beitrag auf Ihrer neuen Facebook-Seite zu veröffentlichen. Dabei stehen Ihnen eine Menge Optionen offen: Sie können neben reinen Textbeiträgen auch Fotos posten und Videos hochladen. Sie sollten von allem Gebrauch machen und einen gut ausgewogenen Mix von Inhalten anstreben. Gute Texte haben ebenso ihre Berechtigung wie Bilder und Videos.

1.6. Wie sieht ein guter Facebookpost aus?

Ein guter Facebookbeitrag sollte dem Leser echten Mehrwert liefern und informierend sein oder unterhaltsam. Im Idealfall beides. Facebook ist kein Platz für platte Verkaufsbotschaften. Stattdessen ist intelligentes Storytelling angesagt. Im folgenden Kapitel wollen wir uns einige konkrete Ideen für Facebookpostings ansehen.

1.7. Ideen für Facebookpostings

Es heißt nicht umsonst „Content ist King“. Vielleicht haben Sie sich auch schon die Frage gestellt, was Sie alle paar Tage posten sollen. Auf den ersten Blick sieht es so aus, als wenn die Möglichkeiten begrenzt sind und die Ideen schnell knapp werden können. Zunächst einmal kommen visuelle Inhalte mit Bildern oder Videos wesentlich besser an als reine Textbeiträge. Aber was soll der Inhalt des Facebookpostings sein?

Wir haben hier 22 Ideen zusammengestellt, die Ihnen helfen sollen, immer neue, kreative Ideen für Ihre Facebook-Seite zu entwickeln.

1.) Zitate: Egal ob lustig oder inspirierend – Zitate kommen bei Facebookusern immer gut an. Versuchen Sie, Zitate von bekannten Persönlichkeiten zu finden, mit denen sich ein Zusammenhang zu Ihrem Unternehmen herstellen lässt.

2.) Ein-Tag-im-Leben-von: Schreiben Sie einen Artikel über einen ganz normalen Arbeitstag in Ihrem Unternehmen. Es kann ein Bericht aus der Perspektive eines Mitarbeiters oder Kunden sein, man kann eine Menge mit diesem Format machen.

3.) Statistiken: Teilen Sie interessante neue Statistiken, die für Ihre Kunden irgendwie relevant sein könnten. Am besten als ansprechende Infografik aufbereitet. Statistiken werden gerne gelesen und geteilt, sofern sie für Ihre Leser interessant sind und ein inhaltlicher Bezug da ist.

4.) Verlinken Sie zu Blogposts auf Ihrer Unternehmenswebseite. Teilen Sie neue Beiträge auf Ihrer Webseite unbedingt immer auch auf Ihrer Facebook-Seite. Es gibt Plugins für Wordpress, die es ermöglichen, dass neue Blogbeiträge auf der Unternehmenswebseite bei der Veröffentlichung automatisch auch auf Facebook geteilt werden.

5.) Posten Sie lustige oder inspirierende Bilder, die Sie mit Ihrer Webseite und/oder mit dem Logo gebrandet haben.

6.) Wie wäre es mit einem Blick hinter die Kulissen? Posten Sie Fotos von Arbeitsplätzen und Mitarbeitern aus der Produktion oder Verwaltung. Oder der Kantine. Gewähren Sie einen Einblick in das Alltagsleben des Unternehmens.

7.) Produktfotos: Finden Sie neue, interessante Perspektiven für Bilder Ihrer Produkte. Am besten Sie veröffentlichen Ihre Produktfotos auf Instagram und teilen sie dann über Facebook. Merkwürdigerweise haben Bilder, die über Instagram auf Facebook geteilt werden, die besseren Werte, was Likes und Shares betrifft, als Bilder, die direkt bei Facebook hochgeladen werden.

8.) Fragen Sie Kunden nach ihrer Meinung. Bauen Sie eine Umfrage in Ihre Facebook-Seite ein. Umfragen kommen immer gut an.

9.) Empfehlen Sie Fachbücher. Wenn Sie gerade ein Buch gelesen haben, das für Ihre Kunden von Interesse sein könnte, dann schreiben Sie eine kurze Besprechung des Inhalts und empfehlen Sie das Buch weiter.

10.) Fragen Sie nach Bewertungen oder Testimonials: Ihre Kunden helfen Ihnen bestimmt gerne dabei, erfolgreich zu sein.

11.) Empfehlen Sie ein Tool: Teilen Sie ein (wenn möglich kostenloses) Tool mit Ihren Kunden, das diese interessant oder hilfreich finden könnten.

12.) Teilen Sie Ihr Lieblingsbuch: Sie haben ein Buch gelesen, das für Ihre Kunden interessant sein könnte? Perfekt!

13.) Schreiben Sie eine positive Bewertung. Sie haben mit einem anderen Unternehmen oder mit einem Kunden besonders gut zusammengearbeitet und sind vollauf zufrieden? Warum schreiben Sie nicht einen positiven Bericht und veröffentlichen ihn auf Facebook? Ihren Kunden/Geschäftspartner wird es freuen.

14.) Eine Reise in die Vergangenheit: Teilen Sie Fotos von alten Logos, Webseiten oder Ihrem ersten Produkt.

15.) Teilen Sie ein Comic oder ein Meme (zum Beispiel von "9gag"): Bringen Sie Ihre Kunden zum Lachen.

16.) Im B2C Bereich – veranstalten Sie einen Fotocontest: Fragen Sie nach Foto-Beiträgen und lassen Sie Ihre Kunden dann abstimmen, wer gewinnen soll. Vergessen Sie nicht, das Gewinner-Foto zu posten.

17.) Teilen Sie brandaktuelle Branchenneuigkeiten: Informieren Sie sich regelmäßig darüber, was in Ihrer Branche los ist. Google Alerts ist ein ausgezeichnetes Werkzeug, um alle entsprechenden News regelmäßig zugestellt zu bekommen und nichts Wichtiges zu verpassen.

18.) Bieten Sie ein kostenloses EBook an: Erstellen Sie eine E-mail-Liste und tun Sie Ihren Kunden etwas Gutes.

19.) Geben Sie Ihren Kunden die Möglichkeit, Fragen zu Ihrer Firma oder Ihren Produkten zu stellen.

20.) Stellen Sie eine Wahrheit-oder-Fiktion-Frage: Lassen Sie Ihre Kunden raten, welche wahr und welche frei erfunden ist.

21.) Machen Sie eine Serie: Erstellen Sie jede Woche ein Posting zu einem ganz bestimmten Thema, bis Sie alle Aspekte erschöpfend behandelt haben.

22.) Starten Sie ein Gespräch mit einem Branchenführer oder erwähnen Sie einen Industrie-Guru.

1.8. Reichweite von Facebookpostings erhöhen

Haben Sie den Eindruck, dass Ihre Facebookpostings nicht genügend Likes bekommen? Es ist tatsächlich nicht einfach, ein größeres Publikum mit durchschnittlichem Facebookcontent zu erreichen. Denken Sie daran, dass nur ungefähr 12 % Ihrer Fans Ihre Facebookbeiträge in ihrem Stream angezeigt bekommen. Und nur 1% aller User besucht eine Unternehmensseite innerhalb eines kurzen Zeitraums ein zweites Mal. Natürlich bekommen die Postings die meisten Leser und die meiste Aufmerksamkeit, die es schaffen, vom Facebook-Algorithmus für den Stream ausgewählt zu werden. Je öfter eine Meldung geliked, kommentiert und geteilt wird, desto besser wird auch die Platzierung im Facebookstream und desto schneller kommen immer neue Likes. Daraus kann sich manchmal ein regelrechter Schneeballeffekt entwickeln – ein virales Posting hat das Licht der Welt erblickt.

1.8.1. Sprechen Sie nicht ständig über Ihre Produkte

Allerdings ist Facebook ein soziales Netzwerk, dessen Hauptzweck es ist, sich mit Freunden und Bekannten auszutauschen. Niemand möchte dort ständig von Werbung belästigt werden. Darum hat aggressive Werbung auf Facebook nichts verloren. Menschen möchten auf Facebook unterhalten werden, sie möchten dort Inhalte mit Mehrwert geboten bekommen.

Sprechen Sie auf Facebook nicht ständig über die Produkte und Dienstleistungen, die Sie anbieten. Sprechen Sie stattdessen darüber, welche Wünsche man sich mit Ihren Angeboten erfüllen kann oder erzählen Sie Geschichten, wie sich das Leben Ihrer Kunden durch Ihr Unternehmen zum Positiven gebessert hat.

Storytelling ist der Schlüssel für erfolgreiches Facebook-Marketing, es steht und fällt damit. Menschen wollen auf Facebook in erster Linie unterhalten werden und erst an zweiter Stelle informiert.

1.8.2. Erzählen Sie intelligente Geschichten

Wenn Sie mehr Aufmerksamkeit auf Facebook bekommen möchten, ist intelligentes Storytelling gefragt. Erzählen Sie Geschichten rund um Ihre Produkte und Dienstleistungen, die unterhaltsam sind und Ihren Kunden Mehrwert bieten. Dabei spielen Bilder eine wichtige Rolle. Der Trend auf Facebook geht zum Fotoalbum und zum Videobeitrag. Posten Sie lustige Fotos mit Bezug zu Ihren Produkten und Dienstleistungen. Fotos werden auf Facebook von allen Inhalten am meisten geteilt. Reine Textbeiträge und reine Linkpostings werden leider schnell übersehen und bekommen nicht die ihnen eigentlich gebührende Aufmerksamkeit.

Auch Videos sind ein wichtiges Mittel, um die Reichweite Ihrer Facebookbeiträge zu erhöhen. Am besten ist es, wenn Sie die Videos direkt auf Facebook hochladen. Es ist so, dass Videos mehr Aufmerksamkeit und Likes bekommen, wenn sie direkt auf Facebook hochgeladen werden, ohne den Umweg über einen YouTube-Link zu gehen. Fotos werden merkwürdigerweise am meisten geliked, wenn sie über den Facebook-Tochterdienst Instagram geteilt werden. Es ist also ratsam, neben Ihrem Facebook-Account auch ein Benutzerkonto bei Instagram anzulegen, um die Reichweite Ihrer Fotos zu erhöhen.

1.8.3. Vergessen Sie niemals den Call-to-Action

Auch dann, wenn Sie auf Ihrer Facebook-Seite nur ein schnelles Foto oder ein kurzes, mit dem Handy aufgenommenes Video posten, sollten Sie die Gelegenheit immer nutzen, einen Link auf Ihre Webseite oder die Landingpage zu setzen. Sie können den Link mit einem Link-Shortener wie z.B. https://bitly.com kürzen, wenn die Webadresse Ihnen zu lang erscheint. Das hat auch den Vorteil, dass Sie nachvollziehen können, welcher Link wie oft angeklickt wurde. Jeder zusätzliche Link auf Ihre Webseite erhöht die Chance, dass sich ein Nutzer dort in Ihre E-mail-Liste einträgt oder als Interessent Kontakt aufnimmt, also nutzen Sie diese Chance und bauen Sie in jeden Post einen Call-to-Action ein.

1.8.4. Gewinnspiele werden überschätzt

Gewinnspiele sind beliebt. Viele Unternehmen versuchen auf diese Weise, die Zahl ihrer Facebook Fans in die Höhe zu treiben. Nun ist es so, dass Gewinnspiele zwar vorübergehend tatsächlich die Zahl der Fans auf einer Facebook-Seite erhöhen, aber eben nur vorübergehend. Wenn das Gewinnspiel vorbei ist, kommen die meisten Besucher, die damit angelockt wurden, nicht wieder. Stellen Sie sich die Frage, was das für Fans sind, die eine Seite nur wegen eines Gewinnspieles besuchen. Sind das wirklich die Leute, die später zu Interessenten und dann zu Kunden werden, oder handelt es sich hier nicht in erster Linie um Schnäppchenjäger, die gerne kostenlos einen Preis abstauben möchten? Statt die Fanbasis künstlich mit Gewinnspielen zu vergrößern, ist es besser, auf einen langsamen, aber stetigen Aufbau der Fanbasis mit Hilfe von hochwertigem Content zu setzen. Wer Postings veröffentlicht, die gerne gelesen und geteilt werden, wird auf Facebook automatisch erfolgreich sein.

1.8.5. Definieren Sie konkrete Ziele

Haben Sie sich Gedanken gemacht, was genau Sie mit Ihrem Facebookposting erreichen möchten? Wollen Sie Shares, Likes, Kommentare oder Klicks auf Ihre Webseite? Es geht nicht alles gleichzeitig. Packen Sie nicht zu viele Informationen in ein einzelnes Posting, sonst geht die Übersicht schnell verloren und das Ganze wird für die Leser zu komplex. Konzentrieren Sie sich in Ihren Postings auf das Wesentliche.

1.8.6. Regelmäßig analysieren & optimieren

Facebook bietet im Menü auch die Möglichkeit, sich Statistiken anzeigen zu lassen. Dort können Sie durchforsten, wie alt Ihre Fans und ob mehr Frauen oder Männer vertreten sind. Eine Funktion, die man nutzen sollte, denn so können Sie die Postings und Werbeschaltungen besser auf Ihre Zielgruppe abstimmen.

1.8.7. Die ideale Tages- und Uhrzeit

Es gibt Studien, die ganz klar bewiesen haben, dass der Zeitpunkt des Postings keineswegs egal ist. Der beste Tag für ein Facebookposting ist der Sonntag. Und zwar spätabends zwischen 22 und 24 Uhr. Natürlich sind die meisten Unternehmen um diese Zeit nicht aktiv. Es ist aber trotzdem möglich, in dieser Zeit ein Posting abzusetzen, denn Facebook verfügt über eine Funktion, mit der der Veröffentlichungszeitpunkt eines Beitrags genau geplant werden kann. Sie können den Facebookbeitrag also schon im Vorfeld schreiben und die Veröffentlichung des Beitrags mit der „Beitrag planen"-Funktion dann auf den fraglichen Zeitraum am Sonntagabend festlegen.

2.0. Facebook-Werbung

Eine Facebook-Seite hat zunächst wenig Leser. Um die Zahl Ihrer Leser zu erhöhen und Menschen zu erreichen, die Ihre Seite nicht von sich aus finden würden, bietet Facebook Ihnen die Möglichkeit, gezielte Werbung zu schalten.

2.1. Was ist der Unterschied zwischen Facebook und Adwords-Werbung

Auf den ersten Blick drängt es sich auf, Facebook-Werbung mit der wesentlich älteren Adwords-Werbung von Google zu vergleichen, die ja schon wesentlich länger auf dem Markt ist. Und in der Tat haben beide Formen der Internetwerbung auf den ersten Blick einiges gemeinsam. Bei genauerem Hinsehen stellt sich aber heraus, dass die Unterschiede deutlich überwiegen.

2.2. Typische Fehler, die Sie bei Facebook-Werbung vermeiden sollten

Eine Gemeinsamkeit zwischen Adwords und Facebook gibt es auf jeden Fall: Man kann als Anfänger viel Geld verbrennen, wenn man zu unbedarft an die Sache herangeht und großzügig Anzeigen schaltet, ohne genau zu wissen, wie das System funktioniert. Es sind immer dieselben Fehler, die gemacht werden. Dabei zieht sich das von Kleinunternehmen bis zu großen Konzernen – Größe allein ist nicht immer ein Garant für kompetentes Facebook-Marketing. Wir haben die wichtigsten Fehler, die man im Zusammenhang mit bezahlter Facebook-Werbung machen kann, in diesem Kapitel zusammengefasst. Nutzen Sie Ihre Chance, diese Fehler zu vermeiden und starten Sie Ihre Facebookkampagne so, dass sie von Beginn an erfolgreich ist. Wenn Sie es schaffen, die im Folgenden genannten Klippen zu umschiffen, haben Sie schon die größten Hürden genommen und es braucht nur noch etwas Feintuning...

2.2.1. Sie benutzen die Funktion „Beitrag bewerben“, um Werbung zu schalten.

Sie haben sich mit dem Schreiben eines Beitrags auf Ihrer Facebook-Seite viel Mühe gegeben, einen ansprechenden nützlichen Text geschrieben und das Ganze mit einer tollen Grafik aufgepeppt. Jetzt fehlen Ihnen die Leser für Ihren Facebook-Post. Da entdecken Sie plötzlich einen kleinen blauen Button mit der Aufschrift „Beitrag bewerben“. Auf den ersten Blick scheint dies eine naheliegende Option zu sein. Schließlich schreibt Facebook in der Erläuterung zu dem Button, dass Sie mit dieser Funktion „mehr Leser erreichen“ können. Ja, das stimmt theoretisch sogar. Trotzdem sollten Sie diesen Button nicht nutzen. Wenn Sie ihn verwenden, stehen Ihnen deutlich weniger Möglichkeiten zur Verfügung, Ihre Kampagne auf Facebook zu konfigurieren. Zum Beispiel ist es mit diesem Button nicht möglich, Ihre Zielgruppe klar einzugrenzen oder ein manuelles Gebot für Ihre Kampagne festzulegen.

Ergebnis: Sie verbrennen Geld, weil Ihre Kampagne nicht präzise genug eingestellt werden kann. Benutzen Sie darum immer den Werbeanzeigenmanager von Facebook oder den Power-Editor. Warum Facebook diesen Button überhaupt eingebaut hat? Ein Schelm, wer Böses dabei denkt. Facebook verdient damit jedenfalls gutes Geld.

2.2.2. Sie wählen ein falsches Kampagnenziel aus

Machen Sie sich unbedingt Gedanken darüber, was Sie mit Ihrer Facebookkampagne erreichen wollen, bevor Sie sie einrichten und starten. Worum geht es Ihnen? Wollen Sie mit Facebook mehr Besucher für Ihre Webseite oder für Ihren Blog gewinnen? Oder möchten Sie mehr Newsletterabonnenten für Ihre E-mail-Liste aufbauen?

Bevor du eine Kampagne bei Facebook startest, solltest du dir immer Gedanken darüber machen, was du damit erreichen möchtest.

Sie müssen genau wissen, was Sie wollen. Denn an dieser Stelle wird immer wieder ein Fehler gemacht, der auf die Dauer teuer ist: Das Kampagnenziel und der bei Facebook ausgewählte Anzeigentyp passen nicht zusammen. Das hat fatale Auswirkungen auf die Optimierung und Auslieferung Ihrer Facebook-Werbekampagne. Wenn Sie beispielsweise neue Abonnenten für Ihren Newsletter gewinnen wollen und als Kampagnenziel „Klicks auf die Webseite" bei Facebook auswählen, optimiert Facebook die Auslieferung Ihrer Anzeigen auf eine möglichst hohe Klickzahl und nicht auf Newslettereinträge. Nur weil ein Leser auf Ihren Link klickt, heißt das nämlich noch lange nicht, dass er deswegen auch das Anmeldeformular für den Newsletter ausfüllt. Eine Newsletteranmeldung ist eine Konversion. Und danach müssen Sie das Kampagnenziel auswählen. Die korrekte Einstellung lautet: „Steigere die Konversion auf deiner Webseite".

2.2.3. Sie erstellen nur eine einzige Anzeige

Sie sind sich ganz sicher, dass Sie Ihre Zielgruppe in- und auswendig kennen und genau wissen, wie Ihre potentiellen Kunden ticken? Sie wissen hundertprozentig, was bei den Lesern Ihrer Webseite gut ankommt? Und deswegen glauben Sie, nur eine Anzeige wäre genug?

Ein klarer Fall von Selbstüberschätzung, eventuell mit einer Prise Faulheit. Sie können sich nie hundertprozentig sicher sein, dass ein Anzeigentext schon der Weisheit letzter Schluss ist und die optimale Leistung erbringt. Erstellen Sie immer und ausnahmslos mehrere verschiedene Anzeigentexte und testen Sie sie gegeneinander in Form eines A/B-Tests. Sie werden definitiv Überraschungen erleben und manchmal feststellen, dass Ihr ursprünglich favorisierter Anzeigentext längst nicht immer der ist, der am Ende auch die beste Konversionsrate erzielt.

Und variieren Sie nicht nur die Texte. Es lohnt sich, auch die Bilder einer Facebookkampagne zu variieren und gegeneinander zu testen. Natürlich macht das alles Arbeit, aber es lohnt sich.

2.2.4. Sie verwenden keine geeigneten Bilder für Ihre Facebookanzeigen

Die Konkurrenz um die Aufmerksamkeit der Nutzer ist unglaublich hart, egal ob bei Facebook oder bei Google. Sie haben nur einen Sekundenbruchteil Zeit, in dem sich ein Leser dazu entscheidet, ob er auf Ihre Anzeige klickt oder nicht. Es herrscht ein gnadenloser Kampf um diesen kurzen Moment Aufmerksamkeit und Sie können es sich nicht leisten, auf irgendetwas zu verzichten, was Ihre Chancen, angeklickt zu werden, verbessern könnte.

Dabei gibt es einen einfachen Trick, mit dem Sie die Aufmerksamkeit der Facebookuser auf Ihre Anzeigen lenken können: Verwenden Sie ansprechende und thematisch passende Bilder für Ihre Anzeige. Man sieht auf Facebook leider viel zu häufig Anzeigen, die mit nichtssagenden Grafiken oder unpassenden Stockfotos bestückt worden sind. Wenn Bilder und Aussage des Anzeigentextes keine harmonische Einheit bilden, kostet Sie das Klicks und die Effektivität der Kampagne geht in den Keller. Dabei muss das nicht sein. Es müssen nicht einmal kostenpflichtige Fotos sein. Es gibt genug Bezugsmöglichkeiten für kostenlose Bilder im Internet, die Sie für solche Anzeigen verwenden können.

Um die Aufmerksamkeit der User auf dich und deine Anzeigen zu lenken, gibt es einen einfachen Trick: Verwende ansprechende Anzeigenbilder.

Sie können die Effektivität Ihrer Facebookanzeigen noch weiter verbessern, indem Sie Ihre Anzeigenbilder mit einem Call-to-Action, einem Logo oder etwas Text anreichern. Hierbei aber bitte nicht übertreiben, denn zum einen wird es sonst unübersichtlich und die Lesbarkeit der Anzeige leidet, zum anderen dürfen Bilder von Facebookanzeigen nicht mehr als 20% Text enthalten. Benutzen Sie einfach die Rasterfunktion von Facebook, um zu überprüfen, ob Sie diesen Anteil eingehalten haben.

2.2.5. Tödlich: Sie haben Ihre Zielgruppe nicht klar definiert

Wahrscheinlich haben Sie selbst schon mehr als einmal eine Werbeanzeige gelesen, wo Sie sich gedacht haben: „Was soll das? Interessiert mich nicht!“

Leider schalten immer noch viele Unternehmen Anzeigen auf Facebook, ohne sich vorher ernsthafte und fundierte Gedanken darüber zu machen, wer mit der Anzeige überhaupt erreicht werden soll und wer nicht. Dabei bietet Facebook unglaublich präzise und ausgefeilte Einstellungsmöglichkeiten, um eine Zielgruppe exakt einzugrenzen und anzusprechen. Sie sollten diese Möglichkeiten, die Facebook bietet, unbedingt in vollem Umfang nutzen. Die genaue Auswahl der Zielgruppe ist eine der größten Trumpfkarten von Facebook gegenüber anderer Onlinewerbung wie beispielsweise Google Adwords.

Sie können Ihre Zielgruppe genau festlegen und anhand von Faktoren wie Alter, Geschlecht, Wohnort, Interessen, Verhalten und etlichen weiteren Parametern genauestens definieren. Und wenn Ihnen noch Wissen über Ihre Zielgruppe fehlt, so können Sie mit dem Tool Facebook Audience Insights (oder Zielgruppenstatistiken) mehr darüber herausfinden. Zum Beispiel können Sie die demografischen Merkmale oder die Interessen der Zielgruppe damit analysieren.

Je genauer es Ihnen gelingt, die Zielgruppe für Ihre Kampagne einzugrenzen, desto effektiver arbeitet die Kampagne und desto besser werden die Endergebnisse ausfallen.

Grundsätzlich gilt: Je relevanter die Anzeigen für deine Zielgruppe sind, desto besser die Ergebnisse.

2.2.6. Platzierungsfehler – nicht jede Anzeige passt an jeden Ort

Facebook bietet eine ganze Reihe von Platzierungsmöglichkeiten für Ihre Anzeigen. Aber längst nicht jede Platzierung passt auch zu Ihrer Zielgruppe.

Zur Zeit bietet Facebook folgende Platzierungsmöglichkeiten:

- Newsfeed Desktop bzw. Neuigkeiten auf Desktop-Computern
- Right Hand Side bzw. rechte Spalte auf Desktop-Computern
- Newsfeed Mobile bzw. Neuigkeiten auf Mobilgeräten
- Instagram
- Audience Network (innerhalb angeschlossener Partner-Apps)

Nicht jede dieser Platzierungsoptionen ist für alle Kampagnenziele gleichermaßen geeignet. Manche sind gut, manche weniger gut und manche gar nicht geeignet. Wenn Ihre Landingpage zum

Beispiel nicht responsive und für die Benutzung mit mobilen Endgeräten eingerichtet ist, macht es auch keinen Sinn, Facebookanzeigen auf mobilen Endgeräten zu schalten.

Wählst du in einer Kampagne alle verfügbaren Placements aus, versucht Facebook deine Zielgruppe immer dort zu erreichen, wo sich diese gerade befindet. Und das wird in 70% bis 80% der Fälle auf mobilen Geräten sein.

Das ist z.B. dann nicht wirklich empfehlenswert, wenn die Konversionsrate deiner Website auf mobilen Geräten niedriger ist als am Desktop.

Aus diesem Grund macht es meist Sinn, die Zielgruppen anhand der verschiedenen Placements aufzusplitten. Damit hast du mehr Einfluss darauf, wo deine Anzeigen ausgesteuert werden.

Zum Beispiel: Erstelle eine Zielgruppe "Fans (Mobile)" und eine Zielgruppe "Fans (Desktop)". Anschließend kannst du die Budgets für diese Zielgruppen manuell planen und ggf. stärker auf Desktop-Computern aussteuern.

2.2.7. Sie nutzen keine Landingpage für Ihre Kampagne

Das ist unter allen Fehlern, die in diesem Kapitel vorgestellt werden, einer der Schlimmsten. Es gibt nichts Schlimmeres, als für teures Geld Anzeigen auf Facebook (gilt auch für Google) zu schalten, und einen Interessenten dann auf die Startseite Ihrer Homepage zu leiten, nachdem er auf Ihre Anzeige geklickt hat. Der betreffende Nutzer findet auf Ihrer Startseite nicht, wonach er gesucht hat, fühlt sich desorientiert und klickt woanders hin. Das Ergebnis: Geld weg, Interessent weg, außer Spesen nichts gewesen.

Erstellen Sie immer und ohne Ausnahme zu jeder Facebookanzeige eine eigens darauf zugeschnittene Landingpage, die Ihren Besucher in Empfang nimmt, nachdem er auf Ihre Anzeige geklickt hat. Die Landingpage muss natürlich perfekt auf das Thema der Anzeige zugeschnitten sein. Ihre Anzeige und die Landingpage müssen zusammenarbeiten wie zwei gut geölte Zahnräder. Der User muss sofort das Gefühl haben, am Ziel angelangt und die gesuchte Information gefunden zu haben. Das gilt auch für die optische Gestaltung. Stimmen Sie Farben, Bilder und Schriften von Landingpage und Facebookanzeige aufeinander ab, das verbessert die Konversionsrate zusätzlich.

2.2.8. Lassen Sie Ihre Kampagne nicht unbeaufsichtigt

Machen Sie nicht den Fehler, Ihre Facebook-Werbekampagne unbeaufsichtigt vor sich hin laufen zu lassen. Sehen Sie immer wieder nach und überprüfen Sie regelmäßig die Ergebnisse.

Die meisten Kampagnen haben so was wie eine begrenzte Lebensdauer und erreichen irgendwann einen Punkt, an dem die Performance zurückgeht. Wenn dieser Zeitpunkt gekommen ist, müssen Sie etwas unternehmen. Wenn Sie feststellen, dass die Klickraten vorhandener Anzeigen zurückgehen, dann gestalten Sie neue Anzeigen mit frischen Ideen, die Sie in Ihre Kampagne einbinden, und starten Sie das Spiel mit den A/B-Tests aufs Neue, bis es Ihnen gelungen ist, die Anzeigenleistung wieder auf Vordermann zu bringen.

2.2.9. Sie sind nicht auf dem Laufenden und ignorieren neue Anzeigenformate

Facebook hat ein enormes Innovationstempo. Die Plattform wird ständig weiterentwickelt. Es werden laufend neue Features in Facebook integriert und neue Inhalts- und Anzeigentypen entwickelt. Man kann da schnell den Überblick verlieren, wenn man sich nicht laufend damit befasst und die Entwicklung ständig im Auge behält.

Facebook ist laufend dabei, die Funktionen der Plattform zu verbessern, und Sie sollten nicht zögern, neue Entwicklungen umgehend zu adaptieren und an Ihrer eigenen Kampagne auszuprobieren. Wenn Sie als Erster neue Features in Ihre Facebookkampagnen integrieren, kann Ihnen das einen spürbaren Vorsprung gegenüber der Konkurrenz verschaffen.

Nehmen wir da z.B. die Carousel Ads. Dieses noch immer relativ neue Anzeigenformat zeigte nach seiner Einführung extrem gute Klickraten. Es war schlicht und einfach neu für die User. Oder kennen und nutzen Sie schon die neuen Canvas Ads?

2.2.10. Sie nutzen den Facebook Pixel nicht

Der Facebook-Pixel ist ein kleines (nur pixelgroßes), aber ausgesprochen mächtiges Element, mit dessen Hilfe Sie sehr genaue Messwerte zu den Ergebnissen Ihrer Facebook-Werbekampagnen ermitteln können. Mit dem Facebook-Pixel können Sie die Ergebnisse und Auswirkungen Ihrer Facebook-Kampagnen exakt messen. Sie können sogar Besucher Ihrer Webseite auf Facebook noch einmal mit Anzeigen ansprechen.

Der Facebook-Pixel ist die technische Basis für das Facebook Retargeting. Mit Hilfe des Facebook-Pixels werden die Facebook Website Custom Audiences erstellt.

Es ist kinderleicht: Der Facebook-Pixel wird mit nur wenigen Handgriffen auf Ihrer Webseite eingebaut. Ist der Pixel einmal implementiert, ermöglicht er von da ab ein umfangreiches und präzises Tracking jeder Facebook-Kampagne.

Zum Beispiel können Sie mit Hilfe des Facebook-Pixels mühelos feststellen, wie viele User etwas auf Ihrer Webseite gekauft haben, nachdem sie Ihre Anzeige bei Facebook gesehen haben oder inwieweit Ihre Kampagne zum Anstieg Ihrer Newsletter-anmeldungen geführt hat. Alles, was Sie tun müssen, ist, den Facebook-Pixel auf Ihrer Webseite zu integrieren.

2.3. Die Wahl der richtigen Zielgruppe

Der Erfolg Ihrer Facebook-Werbung steht und fällt mit der Auswahl der richtigen Zielgruppe. Sie können bei Facebook mit sehr großer Präzision festlegen, wer Ihre Werbung zu sehen bekommt. Alter, Geschlecht, Wohnort, Interessen – Sie können eine potentielle Zielgruppe bei Facebook sehr genau eingrenzen. Seien Sie dabei so exakt wie möglich.

Die Versuchung ist groß, die Zielgruppe weiter zu fassen, z.B. statt aller 20- bis 25-jährigen Männer auch Frauen mit einzubeziehen oder auch Personen, die über 25 Jahre alt sind. Der Hintergedanke ist dabei meistens die Furcht, sonst eventuell den einen oder anderen Interessenten zu verlieren. Diese Furcht ist unbegründet. Wenn Sie die Zielgruppe bei Ihrer Facebook-Werbung zu weit fassen, verliert Ihre Kampagne an Effektivität und Sie verschwenden Geld. Definieren Sie Ihre Zielgruppe darum vor Beginn einer Facebook-Werbekampagne so exakt wie möglich und halten Sie sich dann beim Einrichten der Anzeigen genau an die Vorgaben, die Sie vorher ausgearbeitet haben.

2.4. Das richtige Budget

Wenn Sie Facebook-Werbung betreiben, erreichen Sie genau die richtigen Menschen, die für Ihr Unternehmen als Kunden interessant sind. Zumindest dann, wenn Sie bei der Auswahl Ihrer Zielgruppen alles richtig gemacht haben. Nun können Sie jeden Facebook-Post, jedes hochgeladene Foto und jedes geteilte Video mit einem Werbebudget versehen und auf diese Weise zusätzliche Reichweite auf Facebook erzielen. Die Frage ist, welches Budget ist das richtige? Wie viel sollen Sie investieren, um einen Facebook-Post zu bewerben? Bis wann lohnt sich die zusätzliche Ausgabe und in welchen Fällen handelt es sich um reine Geldvernichtung?

Wenn Sie mit bezahlter Facebook-Werbung beginnen und das erste Mal Acebook-Ads schalten, stehen Sie erst einmal völlig im Dunkeln. Es ist kaum abzuschätzen, ob das veranschlagte Werbebudget zu hoch, zu niedrig oder genau richtig ist.

2.4.1. Wie Sie das richtige Budget für Ihre Facebook-Werbung finden

Zu Beginn wird es Ihnen schwerfallen, den richtigen Etat für Ihre Facebook-Werbung zu finden. Keine Frage, Facebook-Werbung ist um ein Vielfaches effektiver und kostengünstiger als konventionelle Werbung in Printmedien. Um die gleiche Menge an

Menschen zu erreichen wie mit einem Printmedium (Zeitung, Zeitschrift) müssen Sie auf Facebook nur 8-10% dieses Etats einsetzen. Oder Sie erreichen mit dem gleichen Werbeetat wie auf einem Printmedium mehr als zehnmal so viele Menschen…

Facebook bietet ein enormes Potential verglichen mit herkömmlicher Werbung und es ist wesentlich kosteneffizienter.

Was du möchtest, sind konkrete Zahlen. Diese richten sich stark nach deinem Unternehmen. Als Einzelhändler mit unter 500.000€ Umsatz im Jahr und einer Post-Frequenz von ca. 3-4x pro Woche solltest du deine Beiträge mit jeweils 5 bis 8 Euro bewerben. Nutze dafür bitte immer den Werbeanzeigenmanager und nicht den Button unter deinem Post, das kann die Kosten ggf. enorm erhöhen.

Bei größeren Unternehmen, die gezielt Kampagnen auf Facebook schalten, sollten die Budgets am Anfang beim Minimum gehalten werden – zwischen 1 und 5 Euro pro Tag. Dafür sollten aber mehrere Kampagnen gleichzeitig laufen und mit dem gleichen Budget beworben werden. Nach einer Zeit kannst du dann schauen, welche Kampagne am erfolgreichsten war und diese mit entsprechend höherem Budget bewerben. Je nachdem, wie hoch der ROI ist, kannst du deine Preise dann anpassen – oft ist eine Preissenkung drin.

3.0. Eine Strategie entwickeln

Die entscheidende Voraussetzung für einen durchschlagenden Erfolg beim Facebook-Marketing ist eine in sich geschlossene, konsistente Marketing-Strategie. Wir sollten niemals vergessen, dass wenigstens jeder dritte Deutsche auf Facebook aktiv ist. Damit ist das Netzwerk ein unverzichtbarer Marketingkanal für Unternehmen, Freiberufler und Selbstständige geworden. Insbesondere Unternehmen, die im B2C-Geschäft tätig sind (also Geschäfte zwischen Unternehmen und Endverbraucher machen), haben auf Facebook fantastische Möglichkeiten, um mit ihrer Zielgruppe zu kommunizieren. Sie haben die Möglichkeit, direkt auf ihre spezifische Zielgruppe zuzugehen und sie dort abzuholen, wo sie steht – ein einmalige Möglichkeit, die kein anderes Medium in dieser Form bietet.

Damit Facebook-Marketing erfolgreich ist, sollte es von Beginn an strategisch geplant werden, um eine optimale Wirkung zu erzielen. Als Unternehmen können Sie es sich nicht leisten, Zeit und Geld mit Maßnahmen zu verschwenden, die am Ende nicht die gewünschten Resultate bewirken und nicht zielführend sind.

Wir möchten darum an dieser Stelle aufzeigen, wie Sie das in den vorigen Kapiteln aufgezeigte Detailwissen zu gezieltem, strategischem Handeln zusammenfassen, um eine geschlossene

Strategie für das Facebook-Marketing Ihres Unternehmens zu entwickeln. Der folgende 5-stufige Plan wird Ihnen anhand eines Beispiels zeigen, wie man für ein kleines bis mittleres B2C-Unternehmen eine Facebook-Marketing-Strategie aufsetzt.

3.1. Wer ist Ihre Zielgruppe?

Schritt eins ist das Definieren der Zielgruppe. Sie sollten diesem Part besonders viel Aufmerksamkeit widmen und versuchen, die Zielgruppe (bzw. unterschiedlichen Zielgruppen für mehrere Produkte oder Dienstleistungen) Ihres Unternehmens einzugrenzen.

Wer ist der typische Kunde für Ihre Produkte? Wie tickt Ihr Kunde, was sind seine Hobbies und Interessen? Was für Wünsche, Ängste und Bedürfnisse hat er? Es ist eine gute Idee, wenn Sie an dieser Stelle einen sogenannten Business-Avatar erstellen. Also ein genaues Profil Ihres Kunden anhand einer fiktiven Beispielsperson, die alle typischen Merkmale Ihrer Zielgruppe vereint. Es gibt Merkmale, die bekannt sein sollten. Sie sollten die typischen Eigenschaften Ihrer Zielgruppe in- und auswendig kennen, wie z.B. durchschnittliches Alter, soziale Lage, Familienstand, Geschlecht usw.

Wie ticken die Menschen in Ihrer Zielgruppe? Sind es jugendliche Dauernutzer, die ihr ganzes Leben bis ins letzte Detail auf

Facebook ausbreiten und denen datenschutzrechtliche Überlegungen völlig fremd und gleichgültig sind? Oder benutzen Ihre Kunden das Internet nur für bestimmte Aufgaben und stehen sozialen Netzwerken eher skeptisch gegenüber? Gibt es in diesem Fall vielleicht Vorbehalte in puncto Datenschutz? Dann müssen Sie auf maximale Transparenz achten und auf Multiplikatoren zur Verbreitung Ihrer Facebookbotschaften setzen.

Erst durch die genaue Recherche mit der präzisen Beschreibung, die wir anschließend erstellt haben, wird wirklich klar, für wen wir das Facebook-Marketing eigentlich betreiben. Danach richtet sich, für wen wir die Posts auf der Facebook-Seite schreiben, und wen wir mit unserem Titel und Profilbild emotional ansprechen wollen. Formulieren Sie diese Erkenntnisse unbedingt schriftlich und erstellen Sie ein umfassendes Profil Ihres Business-Avatars. So können Sie später immer wieder darauf zurückgreifen und sich diese Erkenntnisse ins Gedächtnis rufen, wenn Sie die inhaltlichen Konzepte für Ihre Facebook-Seite erstellen.

3.2. Multiplikatoren

Multiplikatoren sind ein wichtiger Faktor bei jeder Facebook-Strategie. Sie sind Meinungsführer, die in den sozialen Medien über eine hohe Reichweite verfügen. Beispielsweise Blogger, die populäre Blogs mit vielen Lesern betreiben. Diese Multiplikatoren genießen viel Vertrauen und Ansehen bei ihren Lesern und verfügen über eine hohe Reichweite in den sozialen Netzwerken. Sie können großen Einfluss darauf haben, wie ein Unternehmen wahrgenommen wird. Sie können wichtige Freunde für Ihr Unternehmen, aber auch gefürchtete Kritiker sein, die Sie ernsthaft in Bedrängnis bringen.

Diese einflussreichen Meinungsführer können entscheidend dazu beitragen, dass Ihr Facebook-Marketing ein großartiger Erfolg wird. Bevor Sie Ihre Kampagne starten und planen, sollten Sie daher alle für Ihr Unternehmen wichtigen Multiplikatoren ausfindig machen. Das sind alle Betreiber von Blogs oder Facebook-Seiten und -Gruppen, die die gleiche Zielgruppe haben wie Sie.

Sehen wir uns dazu das folgende Beispiel an.

Nehmen wir an, Sie möchten ein Tattoo-Studio in einem Szeneviertel in Hamburg eröffnen. Sie haben noch keinen festen Kundenstamm und müssen jetzt versuchen, Multiplikatoren zu finden, die Ihnen dabei helfen können, die Reichweite Ihrer Facebook-Seite zu erhöhen.

Nach umfangreicher Recherche stoßen Sie schließlich auf einen Blogger, der in seinem Stadtteilblog über alles berichtet, was in dem Viertel so passiert, wo Sie Ihr Tattoo-Studio eröffnen wollen. Dieser Blogger hat an die 8.000 Facebookfans und bedient genau Ihre Zielgruppe mit seiner Leserschaft, nämlich die Bewohner des Szene-Viertels in Hamburg, in dem Sie Ihr Tattoo-Studio eröffnen möchten.

Idealerweise finden Sie noch weitere Multiplikatoren. Eventuell finden Sie einen weiteren Blogger, der sich speziell mit Tattoo-Studios in Hamburg oder in Norddeutschland beschäftigt. Oder Sie finden eine Facebookgruppe zum Thema „Tätowierungen und Piercings“. Je mehr Multiplikatoren Sie ausfindig machen können, desto besser. Aber Sie brauchen sich nicht zu verzetteln. Beschränken Sie sich auf die, die auch eine ausreichende Reichweite haben. Ein Blog, der nur eine Handvoll Leser hat, ist kein relevanter Multiplikator. Halten Sie sich an die Platzhirsche auf ihrem jeweiligen Gebiet.

Im nächsten Schritt müssen Sie die diversen Multiplikatoren auf sich aufmerksam machen. Kontaktieren Sie sie. Laden Sie den Stadtteilblogger in Ihr Tattoo-Studio ein. Er wird sich über alle interessanten Neuigkeiten freuen, die er in seinem Blog veröffentlichen kann. Das Gleiche gilt für Blogger, die sich explizit mit Tätowierungen und Körperkunst beschäftigen. Hier könnten Sie auch eine kostenlose Arbeitsprobe anbieten.

Wichtig ist, dass Sie möglichst viele Meinungsmacher für sich gewinnen und eine positive Darstellung Ihres Unternehmens erreichen. Meistens ist das gar nicht so schwer. Aber denken Sie daran: Bringen Sie keine Influencer gegen sich auf – wenn sich ein einflussreicher Meinungsmacher gegen Sie wendet, kann das Ihre Facebookbemühungen ganz besonders zu Anfang ganz erheblich erschweren und Ihre Facebook-Kampagne ins Stocken bringen. Im allerschlimmsten Fall können solche Leute auch einen Shitstorm gegen Ihr Unternehmen lostreten. Zum Glück sind so etwas aber Ausnahmefälle, die selten auftreten und nicht die Regel sind.

3.3. Was wollen Sie mit Ihrer Facebook-Seite erreichen?

Es gibt eine ganze Reihe von potentiellen Zielen, die Sie mit Ihrer Facebook-Seite erreichen können. Um einmal ein paar Beispiele zu nennen:

- Neukunden gewinnen
- Vorhandene Kunden an Ihr Unternehmen binden
- Den Umsatz steigern
- Die Bekanntheit Ihres Unternehmens steigern
- Das Unternehmens-Image verbessern

- Besseren Service und Kundennähe bieten
- Kunden um Produktvorschläge und -verbesserungen bitten
- (Mehr) Traffic auf der Internetseite erhalten
- Bessere Auffindbarkeit bei Google erzielen
- Sich als Experte positionieren
- Personal suchen
- Positive Mundpropaganda nutzen

Sehr wahrscheinlich wird nicht jedes der hier aufgeführten Ziele für Ihr Unternehmen in gleichem Maße relevant sein. Definieren Sie selbst, welche Ziele für Ihr Unternehmen von Bedeutung sind. Die Liste erhebt dabei keinen Anspruch auf Vollständigkeit, es kann durchaus sein, dass Ihnen noch weitere Ziele einfallen, die in der vorangegangenen Aufzählung fehlen. Sie brauchen eine klare Definition Ihrer Ziele auf Facebook. Sie müssen wissen, für WEN Sie Ihre Facebook-Seite betreiben und klar definieren, WAS Sie damit erreichen wollen. Nur mit klar definierten Zielen können Sie eine Content-Strategie entwickeln, die messbare Ergebnisse liefert, und die Sie strategisch steuern können, um Ihre Ergebnisse zu verbessern.

Nur durch eine klare Definition deiner Ziele kannst du geeignete Content-Strategien entwickeln, deine Erfolge auch messen und ggf. strategisch umsteuern.

3.4. Erstellen Sie eine optimale Facebook-Seite für Ihr Unternehmen (Fanpage)

Erstellen Sie nun die eigentliche Facebook-Fanpage für Ihr Unternehmen.

- Sollten Sie mehrere Social-Media-Profile für Ihr Unternehmen angelegt haben, dann achten Sie in besonderem Maße auf Konsistenz bei Namen, URL und Seitenname. Sie verbessern damit die Auffindbarkeit der Profile durch Suchmaschinen.

- Achten Sie darauf, dass Sie alle wichtigen Informationen im Beschreibungstext Ihrer Facebook-Seite einbauen. Vergessen Sie auf keinen Fall, auf Ihre Unternehmenswebseite zu verlinken und sagen Sie dem Interessenten, dass er Fan Ihrer Facebook-Seite werden soll und was er davon hat.

Nutzen Sie alle Kanäle, um Ihre Facebook-Seite bekannt zu machen.

Ihre Facebook-Seite gehört unbedingt mit in Ihre E-mail-Signatur. Wichtig ist auch die Verknüpfung der Facebook-Seite mit Ihrer Webseite oder Ihrem Blog. Betreiben Sie E-mail-Marketing mit einer Liste, dann gehört Ihre Facebook-Seite natürlich auch in die Signatur Ihrer Newsletter.

3.5. Was Sie auf Ihrer Facebook-Seite kommunizieren

Natürlich brauchen Sie Inhalte für Ihre Facebook-Seite. Wenn Sie sich fragen, mit welchen Inhalten Sie Ihre Facebook-Seite füllen sollen, dann denken Sie zunächst wieder an Ihre Zielgruppe. Denken Sie daran, was Menschen auf Facebook suchen: Unterhaltung, Informationen, Gewinnspiele, Rabatte. Denken Sie daran, dass direkte Werbung von den wenigsten Nutzern gern gesehen wird. Posten Sie Informationen mit echtem Mehrwert, und Sie können davon ausgehen, dass Ihre Facebookpostings geteilt werden und sich wie von selbst verbreiten. Versuchen Sie, von den viralen Effekten der sozialen Netzwerke zu profitieren, und schaffen Sie Content, der Menschen zum Teilen animiert.

Facebook ist ein großartiges Tool zur Kundenbindung und kann so etwas wie das Online-Äquivalent zur Mund-zu-Mund-Propaganda im Internet darstellen. Kunden können direkt mit Ihnen und untereinander in Kontakt treten und ihre Erfahrungen austauschen. Weder im Internet noch im Offline-Leben gibt es eine bessere Werbung als zufriedene Kunden, die ihre positiven Erfahrungen mit Ihrem Unternehmen per Mund-zu-Mund-Propaganda weitertragen.

4.0. Wie Sie richtig mit Angriffen umgehen

Leider müssen Sie beim Betrieb einer Facebook-Seite auch mit Störenfrieden rechnen. Unzufriedene Kunden können ebenso negative Beiträge schreiben wie Trolle. Ja, im schlimmsten Fall kann sich sogar ein sogenannter Shitstorm über Sie und Ihr Unternehmen ergießen und Sie werden plötzlich von allen Seiten angefeindet, verspottet und mit den absurdesten Vorwürfen überhäuft.

Zum Glück gibt es auch für solche Ereignisse erprobte Strategien, mit denen Sie die Situation wieder in den Griff bekommen. Wir wollen uns im folgenden Kapitel ansehen, was ein Troll ist, und wie Sie am effektivsten mit diesen lästigen Plagegeistern fertig werden. Außerdem werden wir uns damit befassen, wie ein Shitstorm entsteht und wie Sie ihn heil überstehen.

4.1. Trolle und andere unangenehme Zeitgenossen

Wenn Sie Ihre Facebook-Seite eine Weile betreiben, werden Sie feststellen, dass es im Internet nicht nur freundliche Zeitgenossen gibt, sondern wie im wirklichen Leben auch unangenehme Menschen. Quasi das virtuelle Gegenstück zu Vandalen, die aus purer Zerstörungslust Schaden anrichten wollen. Eine besonders typische Spezies dieser Menschen ist der Social-Media-Troll. Trolle sind unangenehme Zeitgenossen. Und leider sind sie nicht immer harmlos. Trolle können die Online-Reputation eines Unternehmens ernsthaft schädigen, wenn man nicht angemessen auf sie reagiert.

Das Repertoire der Trolle reicht von Verleumdungen, Provokationen und Beschimpfungen bis hin zu krankhaften und psychopathischen Drohungen. Trolle wollen negative Emotionen verbreiten und Hass streuen, und sie lieben nichts mehr als Aufmerksamkeit. Aber sehen wir uns das Problem einmal genauer an. Was ist ein Troll und wie können Sie sinnvoll darauf reagieren, wenn Ihr Unternehmen oder Ihre Marke auf Facebook mit Trollen konfrontiert werden?

4.1.1. Was genau ist ein Social-Media-Troll?

Als Troll wird ein Mensch bezeichnet, der bewusst andere im Internet provoziert. Das geschieht meistens durch beleidigende, provozierende oder aufhetzende Kommentare. Der Troll will andere aufregen, zur Weißglut treiben und dazu bringen, die Beherrschung zu verlieren. Er ist in seinem Element, wenn es ihm gelingt, andere User zu emotionalen und wütenden Antworten zu provozieren. Sie wollen Hass, Unfrieden und Streitereien und anderen Menschen mit dem Verbreiten negativer Emotionen schaden. Um dieses Ziel zu erreichen, werden Trolle andere wüst beschimpfen, persönlich angreifen und dabei auch nicht vor Attacken unter die Gürtellinie zurückschrecken. Sie geben Hasstiraden und abstruse Drohungen von sich, bis hin zu Todesdrohungen.

Aber Achtung: Nicht jeder wütende Kommentator oder Poster ist ein Troll. Es gibt Menschen, die einfach nur wütend sind, schlechte Erfahrungen gemacht haben (vielleicht auch mit Ihrem Unternehmen) und die den Wunsch haben, sich mitzuteilen. Nicht jeder, der Ihnen energisch widerspricht oder Ihr Unternehmen kritisiert, ist ein Troll. Diese Menschen haben ein mehr oder weniger berechtigtes Anliegen (zumindest aus ihrer Sicht) und glauben, was sie schreiben. In vielen Fällen lassen diese Nutzer auch mit sich reden, wenn sie ihren Ärger erst einmal abgelassen und sich abreagiert haben. Nicht so der Troll. Trolle glauben wahrscheinlich gar nichts von dem, was Sie schreiben. Sie wählen ihre Worte einfach danach aus, wie sie andere mit größtmöglicher Wahrscheinlichkeit aus der Fassung bringen und die Nerven verlieren lassen können. Trolle sind genau genommen Online-Mobber.

4.1.2. Wo Sie mit Trollen rechnen müssen

Leider finden Sie Trolle praktisch überall im Internet, wo eine Form von öffentlicher Interaktion möglich ist. Überall, wo gepostet und kommentiert werden kann, finden sich auch Trolle. Wenig überraschend: Sie lieben es, aus der Anonymität heraus zu agieren. Aus diesem Grund sind Trolle auf Facebook zum Glück etwas weniger verbreitet als auf anderen sozialen Medien wie Twitter. Facebook verlangt die Benutzung von Klarnamen, das wirkt sich auf die Troll-Aktivitäten zum Glück etwas dämpfend aus.

Trotzdem müssen Sie überall im Internet mit Trollen rechnen – auch auf Facebook. Wichtig ist, dass Sie Trolle von echten verärgerten Kunden unterscheiden können.

4.1.3. Wie unterscheiden wir einen Troll von einem verärgerten Kunden?

Ein guter und effizient arbeitender Kundenservice sollte unbedingt auch auf Ihrer Facebook-Seite stattfinden. Sie werden Fragen und Beschwerden von Kunden über Facebook bekommen und jeder kann sowohl diese Anfragen lesen als auch Ihre Reaktion darauf. Kundenservice auf Facebook bietet Ihnen darum großartige Chancen, um Ihr Unternehmen positiv darzustellen, wenn Sie diese Anfragen immer zeitnah, professionell und kundenfreundlich bearbeiten. Im Gegenzug liegt hier natürlich ein großes Einfallstor für Trolle, die ernsthaften Schaden an Ihrer Reputation verursachen können, wenn Sie sich zu unpassenden Reaktionen verleiten lassen.

Sie müssen unbedingt unterscheiden können, ob jemand ein Troll ist oder ein echter Kunde, der eine zumindest aus seiner Sicht berechtigte Beschwerde vorzubringen hat. Es ist nicht immer einfach, den Unterschied zwischen ihnen zu erkennen, denn in beiden Fällen werden Sie es mit einem wütenden Tonfall zu tun bekommen.

Sie können aber herausfinden, womit Sie es zu tun haben, wenn Sie den wütenden Ton erst einmal ignorieren und stattdessen genau hinhören, was derjenige zu sagen hat. Pöbelt er einfach nur herum und beschimpft Ihr Unternehmen, stellt er abstruse Behauptungen auf, um Sie mit Dreck zu bewerfen, oder hat er eine konkrete Beschwerde über ein Produkt, einen Mitarbeiter oder sonst etwas? Wenn der Kommentator etwas Konkretes auszusetzen hat und man den Ärger ganz klar an einem Produkt, Ihrem Kundendienst oder sonst etwas Unternehmensspezifischem festmachen kann, dann ist die Wahrscheinlichkeit hoch, dass Sie es mit einem echten Kunden zu tun haben, der unzufrieden mit Ihren Leistungen ist. Mit etwas Glück können Sie das Problem dieses Kunden lösen. Hören Sie sich in aller Ruhe an, was er zu sagen hat, äußern Sie Ihr Verständnis für seinen Unmut und tun

Sie dann Ihr Möglichstes, um die Sache im Sinne des Kunden aus der Welt zu schaffen. Wenn es sich um einen echten Kunden handelt, wird dies schnell zum Erfolg führen und der vormals verärgerte Kunde wird vielleicht sogar zu einem Fan Ihres Unternehmens.

Bei einem Troll werden Sie dagegen feststellen, dass alle Bemühungen vollkommen zwecklos sind. Trolle geben nicht auf und lassen sich weder mit Vernunft noch mit gutem Willen von ihrem Tun abbringen. Sie sind gar nicht an einer Lösung interessiert, sondern wollen Sie in einen Kampf verwickeln, den niemand gewinnen kann. Trolle geben erst auf, wenn sie sich langweilen oder dazu gezwungen werden.

Unzufriedene Kunden und Trolle haben allerdings eines gemeinsam: Sie wollen unbedingt beachtet werden.

4.1.4. Fünf Anzeichen, dass Sie es mit einem Troll zu tun haben könnten

Der Ratschlag ist nicht neu und die Standard-Behandlung für Trolle: „Trolle soll man nicht füttern“. Aber das ist leichter gesagt als getan, wenn Sie nicht wissen, ob es sich tatsächlich um einen Troll handelt oder vielleicht doch nur um einen unzufriedenen Kunden. Auf das Bauchgefühl ist dabei leider kein hundertprozentiger Verlass. Häufig neigen wir dazu, Personen ernst zu nehmen, bei denen es sich in Wirklichkeit um Trolle handelt – und dann vergeuden wir viel Zeit und Energie damit, uns mit ihnen zu befassen, nur um dann irgendwann festzustellen, dass alles vergebliche Liebesmüh war.

Zum Glück gibt es 5 Merkmale, an denen Sie einen Troll mit hoher Wahrscheinlichkeit als solchen identifizieren können:

1. Trolle versuchen, emotionale Antworten hervorzurufen und Sie aus der Fassung zu bringen

Dieses Verhalten ist sozusagen die Basisdefinition eines Trolls. Trolle wollen andere Menschen aufregen und sie aus der Fassung bringen. Wenn jemand auf Ihrer Facebook-Seite offensichtlich absichtlich Ärger verbreiten will – zum Beispiel, indem er Streit anfängt oder gezielt verleumdende und verhetzende Inhalte postet – dann haben Sie es mit hoher Wahrscheinlichkeit mit einem Troll zu tun.

Das ist wortwörtlich Bestandteil der Troll-Definition. Daher ist dieses Verhalten ein guter Basisindikator für „Trollerei". Trolle leben nur dafür, andere Menschen aufzuregen. Wenn Sie jemanden entdecken, der absichtlich Ärger zu verursachen scheint – entweder, indem er Streit anfängt oder gezielt aufhetzende Inhalte postet – wird das sehr wahrscheinlich ein Troll sein. Wenn Sie also feststellen, dass Sie in einer Social-Media-Diskussion emotional werden, halten Sie inne und fragen Sie sich, ob es irgendwelche Anzeichen dafür gibt, dass Ihr Gegenüber nicht aufrichtig ist.

2. Anspruchsdenken, stark egozentrisches Verhalten

Trolle kümmern sich nicht im Mindesten um die Gefühle anderer und sind im Allgemeinen vollkommen selbstzentriert. Sie zeigen keine Empathie und kein Interesse an dem, was andere Diskussionsteilnehmer beizutragen haben. Trolle drehen sich um sich selbst und wollen ausschließlich andere beeinträchtigen.

3. Maßlose Übertreibungen

Trolle haben eine starke Neigung zu Übertreibungen und benutzen gerne starke, verallgemeinernde Worte wie „niemals“, „alle“, „immer“, „jeder“.

Wahrscheinlich, weil solche Pauschalisierungen gut dazu geeignet sind, zu provozieren und zusätzliches Öl ins Feuer zu gießen.

4. Trolle werden immer persönlich

Trolle haben keine Neigung und kein Interesse, ein Thema sachlich zu diskutieren – sie sind ja gar nicht am Thema als solchem interessiert, sondern wollen den Gegner persönlich angreifen. Anstatt zu argumentieren, greifen Trolle ihren Gegner persönlich an und versuchen, ihn persönlich zu diskreditieren, seinen Charakter in den Schmutz zu ziehen und den Gegner auf sein Niveau herunterzuziehen. Ein deutliches Warnsignal ist das häufige Verwenden von Schimpfwörtern.

5. Schlechte Rechtschreibung und Grammatik

Trolle beherrschen häufig ihre Muttersprache nur eingeschränkt und fallen durch ihre miserable Rechtschreibung und Grammatik auf. Sie lieben es, in VERSALIEN ZU SCHREIBEN, verzichten gerne auf Interpunktion und manchmal auf Groß-Klein-Schreibung. Sie schreiben bruchstückhafte Sätze, ignorieren Rechtschreibregeln und benutzen mehr Schimpfwörter als normale User. Nicht jeder Kommentator mit einer schlechten Rechtschreibung ist zwingend ein Troll, aber ungewöhnlich viele Trolle haben ein niedriges Sprachniveau und eine schlechte Rechtschreibung.

4.1.5. Strategien für den Umgang mit Trollen in den sozialen Medien – und warum sie funktionieren

Nehmen wir an, Sie haben festgestellt, dass Sie tatsächlich von einem Troll belästigt werden. In der folgenden Liste lernen Sie ausführlich 6 nützliche Strategien kennen, mit denen Sie einem Troll erfolgreich begegnen können. Behalten Sie dabei im Hinterkopf, dass die Wahl der jeweiligen Abwehrstrategie zu Ihrem Unternehmen und Ihrer Marke passen muss und dass die Wahl der richtigen Abwehrstrategie immer auch von der konkreten Situation abhängig ist.

1. Zuhören und Fehler korrigieren

Dieser Schritt passt immer und ist nie falsch, ganz egal ob es sich nun um einen unzufriedenen Kunden oder um einen echten Troll handelt, der Ihnen auf Facebook auf die Pelle rückt. Hören Sie sich in aller Ruhe an, was Ihnen derjenige zu sagen hat. Falls Sie wirklich einen Fehler gemacht haben, dann korrigieren Sie ihn. Informieren Sie den Betroffenen darüber, was schiefgelaufen ist und was Sie unternommen haben bzw. unternehmen werden, um die Sache zu regeln. Wenn Sie es wirklich mit einem verärgerten Kunden zu tun haben, dann wird dieser es zu schätzen wissen, wenn Sie ihm zuhören und sich ernsthaft um sein Anliegen kümmern. Wenn Sie die Sache gut machen, wird der Beschwerdekunde zu einem zufriedenen Kunden und vielleicht sogar zu einem Fan.

Falls es sich um einen Troll handelt, haben Sie der Kunden-Community dennoch demonstriert, dass Sie Beschwerden ernst nehmen und sich auf professionelle Weise darum kümmern. Außerdem merkt der Troll, dass Sie sich nicht so einfach irritieren und aus dem Konzept bringen lassen, wie er sich das gewünscht hätte. Das alleine kann ihn schon demotivieren und lässt den Troll eventuell die Lust verlieren.

Jeffrey Hayzlett erklärt in seinem Entrepreneur-Artikel ‚Der Kampf gegen Trolle, Spammer und Unruhestifter im Internet‘: „Unternehmen steuern ihr Schicksal und den Ruf ihrer Marke in den sozialen Medien. Der Kunde mag nicht immer recht haben, aber er wird immer gehört werden. Hören Sie Ihren Kunden zu, und werden Sie aktiv. Sie werden das Engagement mit jedem positiven Schritt vorantreiben, Follower dazugewinnen und Markentreue aufbauen“.

2. Ignorieren - „don´t feed the Troll“

Wenn Sie das Pech haben und sich tatsächlich einen Troll eingefangen haben, gibt es eine Reaktion, die immer richtig und sozusagen die Standardbehandlung im Umgang mit Trollen ist: Ignorieren Sie den Störenfried. Die Theorie dahinter: Trolle wollen Aufmerksamkeit. Wenn Sie die Trolle ignorieren und sich weigern, ihm diese Aufmerksamkeit zu schenken, entziehen Sie ihm seine Lebensenergie. Der Troll wird sich trollen und versuchen, irgendwo anders Unfrieden zu stiften, wenn er die gewünschte Aufmerksamkeit bei Ihnen nicht bekommt. Das kann hervorragend funktionieren. Allerdings kann diese Strategie auch versagen, wenn Sie dem Troll zwar keinerlei Aufmerksamkeit schenken, sich aber stattdessen andere Besucher Ihrer Facebook-Seite von ihm provozieren lassen und ihn mit Antworten – ergo Aufmerksamkeit – belohnen.

Wenn es so weit gekommen ist, brauchen Sie eine andere Strategie, denn mit Ignorieren ist die Situation jetzt nicht mehr zu kontrollieren. Nutzen Sie stattdessen eine der folgenden Strategien. Sie müssen jetzt auf irgendeine Weise reagieren, um Schaden abzuwenden.

3. Die Macht der Fakten

Wenn Ihr Troll zu der Sorte gehört, die Gerüchte und Verleumdungen im Internet verbreitet und Sie mittels gezielter Falschinformationen mit Dreck bewirft, dann können Sie Folgendes versuchen. Damit diese Strategie funktioniert, ist ruhiges und selbstbewusstes Auftreten wichtig. Vermeiden Sie unbedingt jeden defensiven Unterton. Antworten Sie dem Troll sachlich und deutlich und korrigieren Sie alle Falschinformationen, die er auf Ihrer Facebook-Seite verbreitet hat. Diese Antwort schreiben Sie eigentlich nicht für ihn – wie wir wissen, sind Trollen Fakten vollkommen egal. Der eigentliche Adressat dieser Antwort sind die anderen Leser in Ihrer Facebook-Community. Demonstrieren Sie allen, dass Sie sich nicht aus der Ruhe bringen lassen und die besseren Argumente haben. Damit setzen Sie den Troll schachmatt.

Apple hat diese Strategie im Rahmen von #BendGate meisterhaft umgesetzt. Alles begann mit dem Video eines sich verbiegenden iPhone 6, das sich wie ein Steppenbrand in den sozialen

Netzwerken verbreitete.

Das Video breitete sich wie ein Lauffeuer aus und wurde millionenfach gesehen und geteilt. Selbstverständlich stieg das gesamte Internet auf dieses Video ein und erzeugte unglaubliche Mengen an Witzen, Scherz-Comics und Memes.

Apple gab als Antwort folgende Stellungnahme ab: „Bei normalem Gebrauch tritt das Verbiegen bei einem iPhone äußerst selten auf. Während der ersten sechs Tage im Handel haben sich insgesamt neun Kunden wegen eines verbogenen iPhone 6 Plus bei Apple gemeldet. Wie bei jedem Apple-Produkt gilt auch hier: Wenn Sie Fragen haben, wenden Sie sich bitte an Apple".

Apple hat damit alles richtig gemacht, was man in dieser Situation richtig machen konnte. Anstatt gar nicht erst zu versuchen, das Problem zu leugnen oder klein zu reden, hat Apple das Problem bestätigt, um das Ganze dann mit Hilfe von Fakten in das richtige Licht zu rücken. Es wird klar gemacht, dass verbogene iPhones verschwindend selten auftreten und es wird deutlich, dass Apple ein offenes Ohr für die Anliegen seiner Kunden und das Problem nicht auf die leichte Schulter genommen hat.

4. Humor ist, wenn man trotzdem lacht…

Eine weitere Strategie, um mit Trollen fertig zu werden, ist Humor. Leider ist der Einsatz von Humor in der Praxis nicht ganz einfach, obwohl die Strategie sehr wirkungsvoll sein kann. Sollten Sie zu den Menschen gehören, die einfach keinen Sinn für Humor haben und sich nicht eben durch große Schlagfertigkeit auszeichnen, dann ist diese Strategie möglicherweise für Sie nicht geeignet. Es ist wichtig, dass Sie keine flachen Witze reißen, sondern wirklich mit intelligentem Humor kontern. Anderenfalls kann der Schuss nach hinten losgehen und Sie bekommen womöglich noch mehr negative Posts, was ja nicht im Sinne des Erfinders ist. Nutzen Sie diese Strategie aber nur dann, wenn sie zur Markensprache passt und Sie sicher sind, dass Sie mit einer entsprechend humorvollen Antwort durchkommen. Ist das nicht der Fall, sollten Sie eine andere Strategie wählen. Es gibt nichts Schlimmeres als einen Witz, der nicht ankommt (und möglicherweise zu weiterer Trollerei führt).

5. Sperren oder ausschließen, wenn es angebracht ist

Es gibt manchmal Situationen, wo energisches Durchgreifen erforderlich ist. Wenn Trolle zu weit gehen, strafrechtlich relevante Beiträge schreiben, Drohungen und Hasstiraden von sich geben, dann kann es besser sein, die betreffende Person zu sperren und weitere Postings des Trolls damit zu unterbinden. Bei bestimmten strafrechtlich relevanten Hass-Postings müssen Sie sogar tätig werden. Melden Sie den fraglichen Nutzer ggf. auch bei Facebook, um ihn dort sperren zu lassen.

Was Sie bei Ihrer Reaktion auf Trolle vermeiden sollten

Es gibt bestimmte Tabus, die Sie im Umgang mit Trollen unbedingt einhalten sollten. Tappen Sie nicht in die Falle und füttern die Trolle.

Halten Sie Distanz und lassen Sie den Troll nicht an sich herankommen

Das ist ausgesprochen wichtig, aber leichter gesagt als getan, vor allem wenn sich die Troll-Posts persönlich anfühlen. Trolle wollen Sie persönlich treffen, um Sie dann Ihrerseits zu unpassenden Reaktionen herauszufordern. Lassen Sie sich nicht provozieren und bleiben Sie ruhig und freundlich.

Vergelten Sie nicht Gleiches mit Gleichem

Natürlich fühlt man sich schnell verletzt und angegriffen, wenn ein Troll Sie oder Ihre Marke attackiert. Lassen Sie sich in keinem Fall in die Defensive drängen. Wenn Sie eine Abwehrhaltung einnehmen und womöglich wütend werden, spielen Sie dem Troll in die Hände. Sie lassen sich damit auf sein Niveau herab und der Troll hat sein Ziel erreicht.

Löschen Sie keine Troll-Postings

Dieser Ratschlag mag Sie etwas überraschen, aber es ist tatsächlich besser, wenn Sie Troll-Postings nicht löschen. Das Löschen von Troll-Postings kann zu einer Eskalation führen.

Einen Troll-Post zu löschen kann eine Eskalation des Troll-Verhaltens auslösen. In der Stanford-Cornell-Studie fanden die Forscher heraus, dass „extreme Maßnahmen schon gegen kleine Regelverstöße unsoziales Verhalten verschlimmern". Sie erklären das folgendermaßen: „Nehmen wir an, zwei Nutzer schreiben anfangs Posts mit ähnlichem Charakter, aber die Posts des einen Nutzers werden ‚unfairerweise' gelöscht, während die des anderen stehenbleiben. Ersterer wird in Zukunft vermutlich eher noch bösere Posts schreiben".

Schaffen Sie Ihre eigenen Regeln

Selbstverständlich hat jedes soziale Netzwerk für die Community seine hauseigenen Regeln. Allerdings können Sie darüber hinaus auch eigene Richtlinien schaffen, um daran zu erinnern, welches Verhalten in Ihrer Community angebracht ist und was nicht akzeptiert wird. Halten Sie diese Regeln schriftlich fest und machen Sie sie an einem gut sichtbaren Platz auf Ihrer Seite öffentlich zugänglich. Bei Regelverstößen können Sie dann auf diese Richtlinien verweisen. Ihr Verhalten wird dadurch transparenter und Sie können sich auf Ihre Richtlinien berufen, wenn es notwendig werden sollte, einen Nutzer wegen Verstoßes dagegen zu sanktionieren.

Sorgen Sie für eine freundliche und unterstützende Community

Wenn Ihre Antworten an Trolle wohlüberlegt und inhaltlich durchdacht sind, helfen sie Ihnen beim Aufbau einer unterstützenden Community. Manchmal fängt diese Community dann an, die Trolle selbst im Zaum zu halten, wodurch das Gesprächsklima, in dem Trolle gedeihen können, unerwünscht wird. In seinem The Guardian-Artikel erklärt Bradbury folgendes: „Der integre Weg ist der einzige Weg in den sozialen Medien, egal, ob Sie es mit einem Kunden, einer berechtigten Beschwerde oder einem Troll ohne jedes Interesse an einer positiven Lösung zu tun haben. Im Internet (und persönlich) ansprechbar, verantwortungsvoll und respektvoll zu sein, hat einen willkommenen Nebeneffekt: Es entsteht eine Community aus Social-Media-Followern, die Sie respektiert und zu Ihnen steht. Und wenn doch mal Trolle daherkommen, werden diese es in einer positiven und unterstützenden Community schwer haben, längerfristig Gift und Galle zu spucken".

Hören Sie zu

Widmen Sie Ihrer Social-Media-Präsenz und den Reaktionen, die diese erhält, Ihre Aufmerksamkeit – ob es sich nun um Kommentare auf Ihren Social-Media-Profilen, um direkte Erwähnungen, in denen Ihr Unternehmen markiert wurde, oder um Beiträge, in denen einfach über Sie gesprochen wird, handelt. Social Media Monitoring ist ausschlaggebend, um Trolle (oder andere Probleme) zu entdecken, bevor sie aus dem Ruder laufen.

4.2. Wie gehen Sie richtig mit einem Shitstorm um

Soziale Medien haben nicht nur Vorteile. Denn natürlich ist nicht alles, was über Ihr Unternehmen im Internet veröffentlicht wird, positiv. Es kann auch ganz anders kommen. Und hier ist ein weiteres Problem: Suchmaschinen lieben besonders die Texte, die andere, private Nutzer über Ihr Unternehmen im Netz verbreiten, und nicht so sehr das, was Sie gerne verbreitet sehen würden. Meinungen, die im Netz über Ihr Unternehmen gepostet werden können, verbreiten sich sehr schnell. Egal ob sie positiv oder negativ sind. Die Weiterverbreitung von Meinungen kann sich schnell zu einer Lawine entwickeln – hier kommt das Schneeballprinzip zum Tragen. Und besonders schnell verbreiten sich negative Meinungen. Der Mensch ist nun einmal so gepolt, dass er negative Meldungen meist interessanter findet als positive. Wenn eine negative Meinung über Ihr Unternehmen Leute aufregt und dazu bringt, die Botschaft weiter zu verbreiten, dann haben Sie es sehr schnell mit einem sogenannten Shitstorm zu tun und Sie werden plötzlich von allen Seiten regelrecht unter Feuer genommen. Man wird Sie bzw. Ihr Unternehmen beschimpfen, verhöhnen, herabwürdigen, an den Pranger stellen und kein gutes Haar daran lassen.

So ein Shitstorm kann sich ganz plötzlich binnen weniger Stunden entwickeln und entsteht oft aus einem relativ nichtigen Anlass. Wenn man sich ansieht, warum der ganze Wirbel entstanden ist, bekommt man oft den Eindruck, es mit einem Sturm im Wasserglas zu tun zu haben.

4.2.1. Wie Sie sich gegen einen Shitstorm wappnen:

Ein Shitstorm wird, wenn er einmal entstanden ist, immer über mehrere Kanäle verbreitet: Die üblichen sozialen Netzwerke, Blogartikel und schließlich auch über die Presse. So ein Shitstorm entsteht schnell und braucht oft nur wenige Stunden, um seine volle Zerstörungskraft zu entfalten und sich bis in die etablierten Medien zu verbreiten.

Wichtig ist, dass Sie in diesem Moment nicht unvorbereitet sind und einen Plan haben, an dem Sie sich festhalten können, der Ihnen sagt, was Sie im Falle eines Shitstorms zu tun haben. Denn bei einem Shitstorm neigen die Leute dazu, sich gegenseitig hochzuschaukeln. Sie müssen jetzt schnell reagieren können.

Für diesen Fall sollte ein Krisen-Strategie-Plan vorliegen. Handeln Sie auch danach. Im Unternehmen verantwortliche Kommunikationsspezialisten, im besten Fall die Social-Media- und Presse-Experten, sollten sofort informiert werden. Holen Sie sich sicherheitshalber juristische Unterstützung, um die Lage korrekt einschätzen zu können und keine Fehler zu begehen.

4.2.2. Kommentare weder löschen noch sperren

Versuchen Sie sich immer einen Überblick zu verschaffen, wer wo was über Ihr Unternehmen schreibt. Das gilt natürlich ganz besonders dann, wenn ein Shitstorm heraufzieht und Sie und Ihr Unternehmen massiven öffentlichen Angriffen ausgesetzt sind. Ihre besondere Aufmerksamkeit müssen Sie natürlich auf die Beiträge in den sozialen Netzwerken richten. Machen Sie aber nicht den Fehler, im Schnellschuss Beiträge zu löschen und User zu sperren, nur weil sie unbequem sind. Beleidigende Aussagen oder Aussagen, die gegen das Recht verstoßen, können Sie natürlich entfernen, aber lassen Sie nicht den Eindruck entstehen, dass Sie versuchen, kritische Stimmen mundtot zu machen. Ausgenommen es handelt sich um einen Troll, der absichtlich provozieren will (siehe letztes Kapitel). Versuchen Sie auch dann einen konstruktiven Kontakt mit den Nutzern aufrecht zu erhalten, wenn Ihnen manche Äußerungen oder Beiträge unsinnig oder absurd erscheinen.

4.2.3. Beantworten Sie Kritik persönlich und sensibel

Versuchen Sie zu erfassen, worum es bei der Beschuldigung im Kern geht. Lassen Sie sich nicht vom Niveau Ihrer Kritiker beeinflussen oder womöglich auf dasselbe Niveau herunterziehen. Bleiben Sie souverän und in jeder Lage absolut professionell. Natürlich ist es nicht so einfach, auf emotionale und aggressive Kommentare zu reagieren, vor allem wenn diese in großer Anzahl kommen und Sie normalerweise sehr sachlich und seriös argumentieren.

4.2.4. Nutzen Sie den Shitstorm und demonstrieren Sie Ehrlichkeit

Ein Shitstorm ist eine unangenehme Sache, aber Sie können das Beste aus der Situation machen, indem Sie richtig damit umgehen. Sie sollten immer offen und positiv auf die Anschuldigungen reagieren, egal wie abstrus diese auch sein mögen. Erklären Sie die Position Ihres Unternehmens kurz und sachlich mit guten Argumenten. Wenn wirklich etwas schiefgegangen sein sollte, was den Shitstorm rechtfertigt, dann entschuldigen Sie sich und schaffen Sie so gut und schnell es geht Abhilfe. Wenn man sieht, dass Sie aus Fehlern lernen und diese zugeben, dann ist das ein Zeichen von Größe und wird auch so wahrgenommen werden. Vermeiden Sie aber ewig lange Antworten und fassen Sie sich so kurz wie möglich. Sonst riskieren Sie, dass Aussagen aus dem

Zusammenhang gerissen und sinnentstellt im Netz weiterverbreitet werden.

Achten Sie darauf, dass alles was Sie sagen, absolut wahr und beweisbar ist. Wenn Sie sich gegen einen Shitstorm verteidigen müssen und man Ihnen dann weitere Lügen, Täuschungsversuche und andere Unregelmäßigkeiten nachweisen kann, wird das den Shitstorm weiter anfachen und womöglich nachhaltigen Schaden anrichten.

Denken Sie daran, die meisten Shitstorms sind nur von kurzer Dauer und wenn es Ihnen gelingt, die Spannung aus der Sache heraus zu bekommen und der Empörung den Dampf abzulassen, ist der Shitstorm mit etwas Glück genauso schnell vorbei, wie er entstanden ist. Tendenziell sind Shitstorms kurzlebige Phänomene mit begrenzter Lebensdauer – wenn man nicht den Fehler macht, Öl ins Feuer zu gießen.

Leider bekommt man in den Medien selten etwas über Shitstorms mit, auf die schnell und professionell reagiert wurde. Stattdessen wird immer nur über die Fälle berichtet, die hohe Wogen geschlagen haben.

Instagram Marketing

Inhaltsverzeichnis

Kapitel 1: Was ist Instagram und warum Sie es nutzen sollten

Was ist Instagram

Instagram ist eine Social Media Plattform, auf der ihre User Bilder und Videos teilen und mit markanten Unterschriften versehen können. Es handelt sich dabei um eine relativ neue Plattform, die seit 2013 immer populärer wird und langsam Facebook überholt, da die Menschen die Möglichkeit schätzen, bequem Fotos von sich oder von allem Möglichen um sie herum im Netz zu teilen.

Instagram verfügt außerdem über viele Filterfunktionen und eine Fotobearbeitungsplattform, die es für aufstrebende Fotografen auf der ganzen Welt attraktiv machen. Diese Filter können Fotos gealtert erscheinen lassen, neu, verblasst, hell und kräftig, extrem überarbeitet oder völlig natürlich. Jeder einzelne der begeisternd großen Zahl an verwendbaren Filtern kann vom User nach Gutdünken eingestellt werden.

Es ist außerdem einfach, Zugang zu den Fotos zu erhalten, da sie genau dort angezeigt werden, wo Sie sie bearbeiten, bis Sie eins zum Editieren ausgewählt haben. Indem Sie nach oben scrollen, bekommen Sie Zugang zu all Ihren Fotos. Das bei Instagram verwendete Verfahren ist also erheblich einfacher als die bei anderen Social Media Plattformen gängigen, wo man die Datei immer erst auswählen muss, in der sich das Bild befindet, und dann zusätzlich noch das Bild, das man teilen möchte, wobei man den gesamten Prozess von Neuem beginnen muss, wenn man das falsche Bild ausgewählt hat. Das ist bei Instagram völlig anders.

Instagram wurde 2010 von Mike Krieger und Kevin Systrom veröffentlicht. Seitdem gewinnt es rasant an Beliebtheit, 2013 waren es über 200 Millionen User. Bis 2015 hat sich diese Zahl verdoppelt und sie wächst täglich weiter. Diese Zahlen machen Instagram zu einer wunderbaren Plattform für seine Nutzer, um einer großen Öffentlichkeit Marken zugänglich zu machen.

Warum Sie es nutzen sollten

Eine Marke zu bewerben ist oft nicht so einfach. Es bedeutet eine Menge Fleißarbeit. Bevor wir darüber sprechen, warum Sie Instagram dabei unterstützt, lassen Sie uns zunächst abhandeln, was nötig ist, um eine Marke zu etablieren und zu bewerben.

Es sind viele Schritte nötig, um eine Marke zu etablieren. Diese Schritte sind wichtig, denn Ihre Marke sollte auf einer soliden Basis stehen, bevor Sie dazu übergehen, sie zu bewerben. Eine Marke mit einer unsoliden Basis zu bewerben ist etwas, das Sie auf keinen Fall tun sollten, denn schlechte Rezensionen können Ihren Ruf verderben, noch bevor Sie ihn überhaupt aufgebaut haben.

Nun folgen die zur Etablierung einer Marke notwendigen Schritte.

- **Schritt 1:** Um eine Idee zu etablieren, müssen Sie erst einmal eine haben. Das heißt, dass Sie sich zunächst hinsetzen und sich darüber Gedanken machen, welchen Markt Sie erreichen wollen. Jede Gruppe, die Sie erreichen möchten, interessiert sich für unterschiedliche Produkte. Beginnen Sie am besten mit Altersgruppen und entscheiden Sie dann, was Sie alles mit einschließen wollen. Es eröffnen sich dabei schier endlose Möglichkeiten. Wenn Sie aber zur Ansicht kommen, dass alle guten Ideen bereits besetzt sind, dann war Ihr Brainstorming nicht ausführlich genug.

  Wenn Sie zum Beispiel die Altersgruppe der Teenager erreichen wollen, dann bietet sich Musik als Weg an. Das würde bedeuten, dass Sie dazu in der Lage sein müssten, etwas in der Musikwelt zu vermarkten. Vielleicht ein neues Kopfhörerlabel mit einer coolen WiFi-Funktion oder etwas Ähnliches. Wenn Sie auf die höheren Altersgruppen abzielen, dann probieren Sie es mit einer App für etwas, das älteren Leuten gefällt. Kreuzworträtsel zum Beispiel. Es ist klar, dass das klischeeartig ist, aber eine Idee für diese Altersgruppe könnte eine App sein, die es möglich macht, mit seinen Facebookfreunden Kreuzworträtsel zu lösen. Nur weil es den Anschein hat, dass eine Millionen

Auswahlmöglichkeiten bereits existieren, heißt das nicht, dass Ihnen nicht noch etwas Neues einfallen könnte.

Sobald Ihnen etwas Neues eingefallen ist, können Sie zum nächsten Schritt übergehen.

- **Schritt 2:** Wenn Sie sich für eine neue Idee entschieden haben, müssen Sie damit anfangen, sich zu überlegen, wie Sie nun weiter vorgehen wollen. Diese Überlegung bedarf einer Menge arbeitsintensiver Tiefenrecherche. Sie müssen bis ins kleinste Detail recherchieren, was Sie tun möchten. Lassen Sie nichts aus, denn je mehr Sie herausfinden, desto einfacher wird dann die Umsetzung werden.

  Wenn Sie sich zum Beispiel für die WiFi-Kopfhörer entschieden haben, müssen Sie nicht nur herausbekommen, wie man funktionstüchtige Kopfhörer herstellt, sondern auch, wie man einen WiFi-Receiver integrieren kann, wie WiFi funktioniert, wie groß die Empfangsreichweite der Kopfhörer sein soll und wie man das alles am besten zusammenbaut. Zum Recherchieren sollten Sie sich allermindestens mehrere Monate Zeit nehmen. Das wird Ihnen helfen, möglichst viele Fehler zu vermeiden, und Ihrem Produkt ab dem Zeitpunkt, an dem Sie es auf den Markt bringen, den größtmöglichen Erfolg garantieren.

  Ihr Ziel sollte sein, den Verkauf Ihres Produkts so einfach wie möglich zu gestalten. Sie wollen es zum bestmöglichen Angebot machen, weshalb eine mittelmäßige Grundeinstellung hier keinen Bestand haben kann. Sie müssen alles daransetzen, zu reüssieren, und das schließt insbesondere die Recherche- und Entwicklungsabteilung mit ein. Gehen Sie in die Bibliothek und recherchieren Sie online. Finden Sie jedes kleinste Detail zu Ihrem Produkt und darüber, wie es funktionieren soll, heraus, das Sie irgendwie finden können. Erst dann, wenn das erledigt ist, und nur dann, können Sie zum nächsten Schritt übergehen.

- **Schritt 3:** Jetzt, nachdem Sie alles Menschenmögliche über die verschiedenen Aspekte Ihres Produkts herausgefunden haben, ist es an der Zeit, zuerst eine Rohfassung anzufertigen, genau wie beim Schreiben einer Hausarbeit, bevor man die Endfassung planen kann. Also erwarten Sie nicht, dass die erste Fassung perfekt wird. Es ist notwendig, dass Sie Fehler machen, bevor Sie Ihr Produkt vermarkten, damit Sie sie anschließend aus dem Weg räumen können. Fehler zu machen, ist ein natürlicher Teil des Arbeitsprozesses, also fürchten Sie sich nicht davor.

Probieren Sie ein paar verschiedene Varianten des Produkts, das Sie zu vermarkten gedenken, aus, um herauszufinden, welche am besten zu dem passt, was Sie erreichen wollen. Nehmen wir die Kreuzworträtselapp als Beispiel. Versuchen Sie, eine App zu kreieren, die nur zu zweit gespielt werden kann, eine, die sowohl on- als auch offline funktioniert, und eine, bei der mehrere Spieler möglich sind, und überlegen Sie, welche davon Ihnen am meisten zusagt.

Sobald Sie ein paar Varianten gefunden haben, die Sie favorisieren, können Sie zum nächsten Schritt übergehen.

- **Schritt 4:** Die beste Art, zu entscheiden, welche Variante Sie wählen wollen, ist, eine Kontrollgruppe zu befragen. Dabei handelt es sich um eine kleine Gruppe von Menschen, die Sie jede Variante ausprobieren lassen und anschließend befragen, welche ihnen gefällt. Der Clou dabei ist, dies mit jedem Mitglied der Gruppe einzeln, hintereinander zu machen, sodass die jeweiligen Antworten nicht von der Meinung der anderen Gruppenmitglieder beeinflusst werden können, ein wunderbarer Weg, um herauszufinden, was selbst an der besten Variante noch problematisch ist. Auf diese Weise können Sie an den Bauplan zurückkehren und dort alle Probleme beseitigen, die in der Diskussion mit der Kontrollgruppe aufgezeigt wurden.
- **Schritt 5:** Dieser Schritt ist meistens der schwerste von allen. Jetzt gilt es, die nötigen finanziellen Mittel zusammenzubekommen, um mit Ihrem Produkt in die Massenfabrika-

tion zu gehen. Sponsoren helfen Ihnen dabei, aber diese gilt es erst einmal aufzutun, und das ist nicht so leicht. Die beste Art, dies zu verwirklichen, ist via Crowd Funding. Das Crowd Funding von Apps wie Kickstarter hilft Unternehmern dabei, die Mittel zu bekommen, die sie brauchen, um eine Idee zu entwickeln, die es anderweitig vielleicht nicht in die Produktion schaffen würde.

Sie könnten es außerdem in der populären amerikanischen Fernsehshow *Shark Tank* versuchen, bei der Unternehmerkandidaten ihre Geschäftsideen einer Gruppe von Investoren (den „Sharks") vorstellen, die dann entscheiden, wo sie investieren wollen, aber man hört, dass es schwierig ist, hineinzukommen, außerdem gilt es, dort ein brutales Verfahren zu bestehen. Die Leute, die die Show machen, haben schon so ziemlich alles gesehen, was es zu sehen gibt, sodass sie inzwischen notorisch schwer zu beeindrucken sind. Man braucht dafür also eine wirklich exzeptionell gute Idee.

Falls Sie an einer App arbeiten, versuchen Sie, sie gratis anzubieten, und erlauben Sie Firmen, dort Werbung zu machen, richten Sie eine Option ein, die es den Usern Ihrer App erlaubt, die Werbung mit einem preiswert angebotenen Upgrade zu entfernen. Die Firmen werden Sie bezahlen, um bei Ihnen Werbung zu machen, und die

User werden Sie bezahlen, um die Werbung zu entfernen. Gehen Sie jedoch sicher, dass die Werbung nicht so überhandnehmen kann, dass es die App funktionsunfähig macht, denn so würden Sie sich viele potenzielle Kunden vergraulen.

- **Schritt 6:** Sobald Sie die nötigen Mittel zur Massenherstellung Ihres Produkts akquiriert haben, ist es Zeit, es auf den Markt zu bringen und der Welt zu präsentieren. Dies kann sich als schwierig erweisen, denn es gilt zu entscheiden, ob Sie das selbst bewerkstelligen oder eine Ladenkette davon überzeugen wollen, Ihr Produkt zu führen. Die beste Art zu beginnen ist, Ihr Produkt zunächst selbst zu vertreiben. Letztendlich werden die Läden an Sie herantreten mit dem Angebot, Ihr Produkt in ihr Sortiment aufzunehmen.

  Ihr Produkt zu vermarkten bedeutet eine Menge Fleißarbeit. Dies ist der zeitaufwendigste Teil des Prozesses, da es durchaus ein oder zwei Jahre dauern kann, bis sich ein Produkt durchsetzt. Aber wenn Sie dranbleiben, werden Sie Erfolg haben, und Ihr Produkt wird am Ende ein internationaler Renner. Warten Sie es ab.

  Sie können Fernsehwerbung nutzen, um Ihr Produkt zu vermarkten, aber wenn das Ihre finanziellen Mittel übersteigt, dann ist Social Media die beste Vorgehensweise.

> Dort kann man zum Nullpreis inserieren. Millionen von Menschen nutzen tagtäglich Social Media. Wenn Sie es schaffen, dass genug Menschen Ihr Produkt registrieren, dann wird es umso einfacher, Ihre Verkaufszahlen zu steigern.

Dies ist der Moment, an Instagram zu denken. Instagram ist eine der besten Social Media Plattformen, die Sie nutzen können, um Ihr Produkt zu bewerben, weil sie neu und beliebt ist, was bedeutet, dass die Zahl der User täglich wächst. Und deren Aufmerksamkeit wird desto mehr auf Ihr Produkt gelenkt, umso genauer Sie sich an die Tipps in diesem Buch halten. Es ist allerdings wichtig, dass Ihr Account aktiv ist, denn Sie wollen keine Follower verlieren, und niemand will jemandem folgen, der nichts postet und seinerseits nicht folgt.

Also, wie werden Sie „Instagram-famous“? Es ist ganz leicht, Sie folgen einfach meinen Ratschlägen und werden so „famous“, wie Sie es nur wünschen.

Kapitel 2: Hashtags und die anderen Plattformen

Es gibt 10 Tipps, um „Instagram-famous“ zu werden und Ihre Marke vor einer großen Öffentlichkeit zu bewerben. Die folgenden Ratschläge werden Sie dabei unterstützen, eine enorme Anzahl an Followern auf der ganzen Welt zu akquirieren. Je mehr Follower Sie haben, desto bekannter wird Ihre Marke und desto mehr Menschen werden Ihr Produkt kaufen wollen.

Tipp 1: Nutzen Sie Hashtags

Sollten Sie mit Hashtags nicht vertraut sein, lassen Sie sich sagen, dass ein Hashtag als automatischer Hyperlink funktioniert. Wenn Sie in einem Post einen Hashtag hinzufügen (oder adden), wird er all Ihre Follower zu allen Postings weiterleiten, die mit diesem Hashtag versehen sind. Suchen Menschen nach einem bestimmten Hashtag, dann wird Ihr Post, wenn er diesen Hashtag hat, in dem Feed auftauchen. Dies exponiert Sie stärker für die Öffentlichkeit, was wiederum bei mehr Menschen das Interesse weckt, Ihnen zu folgen.

Es gibt einige beliebte Hashtags und es ist schwierig, herauszufinden, welche man verwenden soll, wenn man Instagram durchsieht. Also werde ich die beliebtesten Hashtags im Folgenden aufzählen, zusammen mit einer kurzen Wiedergabe ihrer Bedeutung und Funktion.

- S4S (Share for Share) ist ein beliebter Hashtag unter den Instagram Usern, denn jeder möchte mehr Follower haben. Wenn Sie ihn teilen und sie Sie teilen, bekommen Sie neue Follower. Dies wird mehr Menschen erlauben, Sie beide zu sehen, Sie und den Hashtag, denn man sieht Sie nun über die Hashtagsuche. Ihr Gegenüber wird etwas posten wie “Ich mache gerade einen #s4s mit (hier Ihr Name), checkt das aus!” und Sie machen dasselbe mit Ihrem Gegenüber.

  S4S kann Ihnen außerdem helfen, Verbindungen mit potenziellen Sponsoren herzustellen. Unter Sponsoren versteht man bei Instagram Firmen, die auf Social Media Plattformen beliebten Personen Gratisartikel schicken, wenn zweitere sich dazu bereit erklären, für sie zu werben. Es muss sich dabei nicht um offensichtliche Werbung handeln. Es kann ruhig subtil sein, wie zum Beispiel ein Bild zu posten von Ihnen in einem Shirt von der Sponsorfirma oder wenn es sich bei besagter Firma um eine Hörbuch- oder Musikshareseite handelt, ein neues Musikstück oder ein Audiobuch zu posten, das man dort gefunden hat. Das weckt das Interesse Ihrer Follower und die Verkaufszahlen der Sponsorfirma steigen. Das Tüpfelchen auf dem i ist, Sie bekommen Gratisgeschenke, und ein etablierter Player aus der Konzernwelt wird Ihre Marke unterstützen, was eine große Ehre ist.

- Follow Friday (FF) ist ein beliebter Hashtag, der, Sie haben es erraten, sich auf Freitage bezieht. Sein Zweck ist, mehr Follower zu generieren, indem man verspricht, jedem zu folgen, der eine von Ihnen gestellte Aufgabe erfüllt, wie zum Beispiel eine bestimmte Zahl Bilder zu liken oder ein von Ihnen gepostetes Bild zu kommentieren oder es einfach nur zu liken. Wenn Sie ihnen folgen, dann steigt die Wahrscheinlichkeit, dass sie Ihnen auch folgen werden. Und da deren Follower wiederum sehen können, was Sie gelikt haben, werden Sie unter jenen auch wieder neue Follower finden. Das Ziel von Follow Friday ist, so viele Likes wie möglich zu generieren. Aus diesem Grund gilt es in der Regel, bestimmte Aufgaben auszuführen, bevor das Gegenüber seine Follower bekommt. Holen Sie das Meistmögliche aus diesem Hashtag heraus, indem Sie zum Beispiel verlangen, dass Ihr Gegenüber fünf Ihrer Fotos likt und eins kommentiert, bevor Sie dazu bereit sind, ihm oder ihr zu folgen. Aber setzen Sie den Preis auch nicht zu hoch an, denn sonst wird es den Leuten zu viel Aufwand.

Follow Fridays sind ein sehr beliebtes Thema, aber es ist wichtig, sie an den Zeitpunkten einzusetzen, an denen Sie die meiste Aufmerksamkeit erregen. Diese Zeitpunkte werden in einem späteren Kapitel eingehend besprochen. Sie wollen die höchstmögliche Anzahl von Views, um möglichst viele Follower an sich zu binden. Dies ist die beste Möglichkeit, die Followerbasis zu akquirieren, die Sie erreichen wollen.

- Instafollow: Dieser Hashtag ist das Pendant zu einem Follow Friday Post, außer dass er sich auf jeden anderen Tag der Woche beziehen kann und dass es sich um einen einfachen Austausch von Follows handelt. Das bedeutet, wenn jemand Ihnen folgt, dann folgen Sie ihm im Gegenzug genauso, eine gute Art, eine ordentliche Anzahl von Followern zu etablieren, denn jeder mag es, einen garantierten Follower zu bekommen und dafür keine Kunststücke aufführen zu müssen.

Mit einem Follow Friday müssen Sie jedoch ebenfalls vorsichtig sein. Denn viele Leute werden Ihnen nur folgen, um Sie dazu zu bringen, ihnen zu folgen, und Sie anschließend schnell wieder entfolgen. Behalten Sie im Auge, wer Ihnen über Follow Friday folgt. Gehen Sie sicher, dass sie Ihre Follower bleiben. Auf diese Weise können Sie Ihrem Gegenüber dasselbe Schicksal angedeihen lassen, wenn Sie entfolgt werden. Sie beide behalten die Sichtbarkeit, aber wenn sich Ihr Gegenüber dazu entscheidet, Ihnen nicht mehr zu folgen, dann sind Sie ihm auch nicht mehr verpflichtet.

- Like for Like: Dies ist ein besonderer Hashtag, den viele Leute liken. Sie müssen der Person dabei nicht folgen, stattdessen liken Sie eins seiner oder ihrer Bilder und Ihr Gegenüber likt dafür eins von Ihnen. Dies gibt beiden Beteiligten die nötige Sichtbarkeit, ohne die Verpflichtung, jemandem folgen zu müssen, dem man nicht wirklich folgen will. Sie können eine bestimmte Zahl Bilder dazu verwenden, gelikt zu werden, oder Sie benutzen dafür ein Einzelfoto.

  Je mehr Like for Likes Sie einsetzen, desto einfacher wird es für Sie, Aufmerksamkeit zu generieren. Denn es werden immer mehr Menschen Ihre Bilder liken und das bedeutet, dass mehr Follower anderer Leute Sie sehen, denn sie können sehen, was Personen, denen sie folgen, gelikt haben.

Es gibt außerdem Hashtags, die nichts damit zu tun haben, anderen Leuten zu folgen, Ihnen aber nichtsdestotrotz helfen können, sich bemerkbar zu machen, weil es sehr viele andere Menschen gibt, die diesen Hashtags folgen. Diese Hashtags werden von Millionen von Menschen eingesetzt und gesucht, und Sie werden beinahe mit Garantie große Aufmerksamkeit erregen, wenn Sie beharrlich auf der Nutzerliste dieser Hashtags stehen. Hier sind einige dieser Sorte von Hashtags:

- Instagood ist ein Hashtag, der täglich von über 30 Millionen Usern verwendet und regelmäßig gesucht wird, um Instagram nach Sehenswertem zu durchstöbern. Dieser Hashtag wird Ihnen dabei helfen, sich bemerkbar zu machen, die Leute werden Ihre Marke wesentlich einfacher sehen können, als es der Fall wäre, wenn Sie ohne den Hashtag posten würden. Instagood bedeutet wortwörtlich das Posten von guten Bildern. Es ist ein Codewort, das beinahe jeder Instacrack benutzt. Indem Sie diesen Hashtag verwenden, erlauben Sie es den anderen Usern, Sie bei ihren Suchen wahrzunehmen.

- Love: #Love einzutippen, erscheint ein wenig lächerlich, nicht wahr? Nun ja, dies gilt jedenfalls nicht für die über 100 Millionen User, die diesen Hashtag täglich verwenden. Es gibt so viele finstere und traurige Dinge im Internet zu sehen, dass ein jeder gerne etwas Liebe über das Netz verbreiten möchte, und die Leute machen das über diesen Hashtags. Er wird täglich mehrere Millionen Mal angesehen und es ist Ihr Ziel, daran teilzuhaben. Sie wollen von Millionen gesehen werden, sodass diese Ihnen folgen. Probieren Sie noch heute einen #Love-Post aus. Vielleicht ein Foto Ihrer Heimatstadt mit der Bildunterschrift „I #love living here. Meine Heimat gibt mir die Kraft, meine Marke zu repräsentieren (geben Sie hier den Namen Ihrer Marke ein); folgt mir, um mehr zu erfahren.“ Die Leute lieben so etwas. Ihrer Heimatregion Respekt zu erweisen, ist ein großartiger Weg, Follower aus derselben Gegend anzulocken.

Eine andere Art von Post, die das Interesse der Leute weckt, ist ein niedliches Haustierfoto, auf dem das Tier Ihre Marke repräsentiert. Posten Sie die Bildunterschrift: „(Hier der Name des Tieres) #loves using (hier der Name Ihrer Marke). Seien Sie kein Angsthase, testen Sie mein Produkt“. Abgedroschene Witze und Wortspiele dieser Art bringen Ihnen jederzeit neue Follower ein, denn die Leute lieben es, zu lachen. Ein abgedroschener Witz mit einem niedlichen Tierfoto ist die beste Mischung, denn Tiere und Lachen, was will man mehr?

· Me ist ein weiterer populärer Hashtag, denn die Leute lieben es, sich selbst darzustellen. Es gibt viele Arten, auf die Sie diesen Hashtag verwenden können, und mit mehr als 20 Millionen Zuschauern pro Tag werden Sie sich definitiv bemerkbar machen. Sie können es mit einer Reihe anderer Hashtags posten oder Sie benutzen ihn einzeln. Verwenden Sie ihn am besten zuerst einzeln, zusammen mit einem Foto von Ihnen, wie Sie Ihre Marke tragen. Nehmen Sie z.B. folgende Bildunterschrift: „Das bin ich (#me), wie ich meine Marke repräsentiere." Was könnte persönlicher sein als das?

· Cute ist ein sehr beliebter Hashtag, den Sie verwenden sollten, denn wer liebt nicht niedliche („cute") Dinge? Sogar die Finstersten der Finsteren lieben herzige Fotos von Welpen und Babykatzen. Suchen Sie etwas Niedliches und teilen Sie es mit einer Bildunterschrift, die den Hashtag enthält. Sie können Ihre Marke im Bild repräsentieren oder nicht, denn, wenn es sich bei Ihrer Marke nicht gerade um Pullover für Tiere handelt, dann ist es eher schwer, ein niedliches Tier Ihre Marke repräsentieren zu lassen, es sei denn, Sie verwenden die Idee, dass das Tier Ihre Marke auf irgendeine Weise benutzt.

· TBT: Diese Abkürzung steht für „Throwback Thursday". Dies ist ein Hashtag, den die Leute verwenden, um alte Fotos von sich selber zu zeigen, die darauf abzielen, die Veränderung, die sie inzwischen durchgemacht haben, zu betonen. Dieser Hashtag ist sehr beliebt, da ihn fast jeder User zu einem Zeitpunkt seines oder ihres Lebens eingesetzt hat. Er wird am meisten an Donnerstagen benutzt, da

„Thursday" Donnerstag bedeutet, und er kann jede Menge Aufmerksamkeit produzieren, wenn Sie ihn sachgemäß einsetzen. Probieren Sie, ihn in einer Bildunterschrift zu verwenden, die etwas wie diesen Wortlaut hat: „#TBT So sah es am Anfang aus." Posten Sie ein Foto Ihres ersten Prototypen zusammen mit einem Bild von Ihrer Marke, wie sie jetzt aussieht. Dies wird das Interesse der anderen User wecken, da es zeigt, dass Sie sich für den Wachstumsprozess Ihrer Marke interessieren. Je öfter Sie diesen Hashtag verwenden, desto mehr Aufmerksamkeit werden Sie erregen.

Dies war eine Aufzählung einiger der beliebtesten Hashtags. Ihre sachgemäße Nutzung kann Ihnen helfen, massenweise Follower anzuziehen und Aufmerksamkeit für Ihr Produkt zu wecken, auf diese Weise sehen es Menschen auf der ganzen Welt. Hier noch ein paar Ratschläge zu diesem Thema.

- Mehr ist besser: Verwenden Sie mehr als einen Hashtag auf einmal, um die Aufmerksamkeit von Millionen von Zuschauern auf sich zu ziehen. Das ist wichtig, denn je mehr Menschen Sie auf sich aufmerksam machen, desto mehr Follower werden Sie bekommen. Das Bündeln von Hashtags sorgt dafür, dass Sie dunkle Flecken bei der Suche vermeiden, da Sie so mehrfach in der Suche anderer User auftauchen werden.

Kombinieren Sie die Hashtags #love und #cute mit niedlichen Tieren und abgedroschenen Witzen. Auf diese Weise werden Sie für über 300 Millionen Menschen sichtbar.

- Aber zu viel ist zu viel: Es besteht durchaus die Möglichkeit, es zu übertreiben. Ein Post, der quasi nur aus Hashtags besteht, wird schnell als Spam eingeordnet, wohingegen zwei oder drei Hashtags zu kombinieren, vollkommen in Ordnung ist. Niemand mag Spam. Hinzu kommt, dass Ihr eigener Text bei den vielen Hashtags völlig unter den Tisch fällt.

  Halten Sie sich zum Beispiel von Posts wie diesem fern:

  Just got my new #boots! #love #them #socozy #cute #best #boots #ever #bestbootsever #nevertakingthemoff #gonnawearthemtillidie #bootsareawesome #instagood #igersforboots #instadaily #gonnapostbootpicsforever #nevergonnastopthehashtags #goingforthelongesthashtagrecordever #igotcoolboots

  Am Ende des Lesens werden Sie verwirrt sein und nicht einmal mehr genau wissen, was das ursprüngliche Thema des Posts war. Vorausgesetzt, dass Sie sich überhaupt die Mühe machen, ihn zu Ende zu lesen. Niemand will hunderte von Hashtags hintereinander lesen. Der durchschnittliche User wird einfach weiter scrollen, weil er oder sie davon ausgeht, dass jeder Post eines solchen Spammers ähnlich aussehen wird. Also, obwohl Sie durchaus einige Hashtags gebündelt einsetzen sollten, sollten es nicht mehr als vier sein, Sie verschrecken sonst potenzielle Follower.

- Schwimmen Sie nicht gegen den Strom: Viele User kreieren gerne ihre eigenen Hashtags, aber das Problem dabei ist, dass damit nur wenig Follower erreicht werden. Hashtags wie #thebesthashtagever erregen wahrscheinlich kaum Aufmerksamkeit.

  Indes, wenn Sie Ihre Marke repräsentieren wollen, können Sie für diese einen Hashtag schreiben, damit sie einfach gesucht werden kann. Das ist aber der einzige Hashtag dieser Art, den Sie riskieren sollten. Bleiben Sie ansonsten bei dem, was die Leute sich gerne ansehen. Den Trends zu folgen ist außerdem eine gute Art, obenauf zu bleiben. Wenn Sie sich nicht sicher sind, dann halten Sie sich an die Hashtags, die ich Ihnen bis jetzt empfohlen habe, denn sie geben Ihnen ein solides Fundament.

- Seien Sie menschlich: Teilen Sie Hashtags nicht wie ein Roboter. Geben Sie Ihren Posts einen menschlichen Touch. Machen Sie abgedroschene Witze und benutzen Sie echte Fotos. Die Leute lieben es, das Gefühl zu haben, dass sie

> mit ihrem Gegenüber eine Verbindung eingehen. Sie wollen, dass sich Ihr Gegenüber mit Ihnen verbunden fühlt, denn das wird Ihre Marke den anderen Usern gegenüber sympathischer machen und Sie ziehen Käufer an. Letztere müssen in die Lage versetzt werden, sich selbst beim Gebrauch Ihrer Marke vorzustellen, und der beste Weg, das zu erreichen, ist, Ihren Posts einen menschlichen Touch mitzugeben.

Es gibt einige Ratschläge darüber, wie Sie Hashtags in Ihren täglichen Posts einsetzen sollten und wie man dafür sorgt, dass es nicht aufgesetzt wirkt. Ihr Ziel ist, dass die Leute Ihnen folgen wollen, dass man Sie teilt und Ihre Posts likt, Follower zu gewinnen und angesehen zu werden, damit Sie der Öffentlichkeit Ihre Marke vorstellen können. Halten Sie diese Vorgehensweise ein, Ihre Verkäufe werden stetig wachsen. Wenn Sie eine Million Follower erreicht haben, können Sie mitunter sogar die Unterstützung eines Sponsors in Anspruch nehmen, um noch mehr Aufmerksamkeit auf sich zu ziehen.

Tipp 2: Verwenden Sie mehrere Plattformen

Da es viele verschiedene Social Media Plattformen gibt, warum nutzen Sie nicht alle, um Ihre Marke zu bewerben? Sie können Ihre Accounts bei den anderen Plattformen mit Ihrer Instagrampräsenz rückverbinden. Es gibt viele Arten, dies zu tun, doch bevor wir uns damit befassen, lassen Sie uns die anderen Social Media Plattformen abhandeln und wie sie Ihnen dabei helfen, eine größere Öffentlichkeit auf Instagram zu erreichen.

Es gibt vier wichtige Social Media Plattformen, die Sie verwenden können, um Ihre Instagramseite zu bewerben. Sie lassen sich alle relativ einfach nutzen, aber jede von ihnen operiert nach einem anderen Prinzip. Ich werde die vier Plattformen deshalb im Folgenden aufzählen, zusammen mit einigen Grundsatzinformationen über sie, für den Fall, dass unter den Lesern dieses Buchs jemand dabei ist, der die eine oder andere Plattform nicht näher kennt.

Facebook

Facebook ist eine der beliebtesten Social Media Portale, die es gibt. Tatsächlich stieg seine Beliebtheit derart rasant an, dass es quasi ganz alleine MySpace verdrängt hat. 2004 von Mark Zuckerberg geschaffen, wurde es ursprünglich dazu konzipiert, von Studenten genutzt zu werden. Dabei war es jedoch so erfolgreich, dass es nur zwei Jahre später, 2006, für die breite Öffentlichkeit zugänglich gemacht wurde. Jeder, der älter als 13 war, konnte Mitglied werden, vorausgesetzt, er oder sie verfügt über eine gültige Emailadresse.

Seit seiner Anfänge vor 12 Jahren hat Facebook die Hauptaufmerksamkeit eines jeden, der auf einer Social Media Plattform präsent ist, aufgrund seiner Flexibilität auf sich gezogen. Sie können sich mit Menschen auf der ganzen Welt vernetzen oder nur mit denen, die Teil Ihrer eigenen Welt sind. Egal, wie weit entfernt sich eine Person befindet, Sie können jederzeit Sachen mit ihr teilen und ihr Nachrichten schreiben, um zu sehen, wie es ihr geht. Facebook ist außerdem praktisch dafür, mit anderen zu kommunizieren, ohne dass man sich mit einem Haufen Telefonnummern abmühen muss. Am Anfang konnte man mit der Messaging Funktion von Facebook Anrufe machen. Heute hat die Messaging Funktion von Facebook ihre eigene App und beinhaltet die Möglichkeit zu integrierten Videoanrufen, wenn Sie über ein kompatibles Gerät verfügen.

Anfangs konnte man nur ein eigenes, persönliches Facebook Profil anlegen. Heute haben Sie die Möglichkeit, auch eine Facebookseite für Ihre Marke zu erstellen. Solche Seiten sind großartig, da sie Ihnen helfen, die Aufmerksamkeit auf sich zu ziehen, ohne dass Sie Fremde bei Ihrem eigenen persönlichen Facebookprofil adden müssten. Sie können die Seitenfunktion von Facebook verwenden, um eine Seite mit Ihrem Markennamen zu kreieren, und sagen Sie jedem, der Ihre Seite likt, dass er Ihr Instagram austesten soll. Die Chancen stehen gut, dass Ihr Gegenüber auch auf Instagram ist, und wenn man Ihre Facebookseite gelikt hat, wird man leicht dazu zu verleiten sein, auch Ihrem Instagramprofil zu folgen. Sie können Ihr Instagram auch auf Ihrem persönlichen Profil teilen, um es Leuten, die Sie kennen, zu erlauben, es sich anzusehen.

Eine weitere Funktion von Facebook nennt man Gruppen. In Facebookgruppen kann man mit Leuten, mit denen man ein bestimmtes gemeinsames Interesse teilt, in Verbindung treten. Es gibt Gruppen für alles, von Onlineflohmärkten bis hin zum Sammeln von Zehennägeln (wie eklig das auch ist). Es gibt höchstwahrscheinlich eine Gruppe, in der Sie Ihren Instagramnamen teilen können, und Millionen von Menschen können ihn so sehen. Wenn es keine gibt, gründen Sie eine, und bringen Sie die Sache ins Rollen, je mehr Menschen dieser Gruppe beitreten, desto mehr werden Ihren Instagramnamen sehen.

Facebook ist super, um Ihren Instagramnamen zu teilen und den Menschen die Möglichkeit zu geben, Ihre Marke näher kennenzulernen. Es gibt jede Menge Funktionen, die es Ihnen erlauben, den Leuten Ihren Namen zu präsentieren. Wenn Sie Facebook und Instagram kombinieren, werden Sie umso mehr Leute dafür interessieren, Ihr Produkt zu kaufen.

Twitter

Twitter ist eine ambivalente Social Media Plattform, da sie in gewisser Weise eine Mischung aus Blog und Social Media Seite darstellt. Trotz der Tatsache, dass sie sich von allem unterscheidet, was vorher geschaffen wurde, ist es immer noch ziemlich einfach, auf ihr zu navigieren, und es ist eine sehr beliebte Seite. Mit über 340 Millionen Posts pro Tag ist sie auf jeden Fall ein viel beanspruchtes Portal und das ist es, worum es Ihnen gehen sollte. Sie wollen die Aufmerksamkeit dieser Leute erregen, damit Sie Ihre Marke so bekannt wie möglich machen können.

Twitter wurde in demselben Jahr geschaffen, in dem Facebook der Öffentlichkeit zugänglich gemacht wurde. Es war auf Anhieb sehr beliebt, weil man dort dieselbe Zeichenzahl wie bei einer SMS zur Verfügung gestellt bekam, und dies sicherstellte, dass man sich nicht durch überlange Texte durchscrollen musste, um zum Wesentlichen zu kommen. Twitter wurde dazu konzipiert, kleine Mengen belangloser Informationen mit der breiten Öffentlichkeit zu teilen. Seitdem ist es die bevorzugte Plattform vieler Berühmtheiten, weil sie dort die Möglichkeit haben, etwas über ihren eigenen Alltag mitzuteilen, ohne das Gefühl zu haben, ein seitenlanges Pamphlet verfassen zu müssen.

Twitter ähnelt Instagram sehr stark durch die Tatsache, dass es darauf abzielt, Follower anzuziehen. Sie können Ihre Posts hier veröffentlichen, sodass Sie jeder über eine Suche finden kann, und außerdem Ihre eigene Sichtbarkeit erhöhen, indem Sie bei Twitter Hashtags hinzufügen. Sie müssen für die Leute sichtbar sein, um sie dafür zu interessieren, sich Ihre Posts anzusehen.

Wenn Sie auf Twitter posten, gehen Sie sicher, dass Ihre Texte nicht zu lang werden. Kurz und knapp ist die Devise. Benutzen Sie angesagte Hashtags, um die Aufmerksamkeit auf sich zu ziehen. Damit interessieren Sie sie ebenfalls für Ihre Instagrampräsenz. Man wird mehr davon sehen wollen, was Sie repräsentieren. Je mehr Menschen Sie anziehen, desto höher werden Ihre Verkaufszahlen.

Tumblr

Tumblr ist eine Blog-Plattform, die von Menschen aus der ganzen Welt als Microblogging- und Social Media Seite genutzt wird. Ähnlich wie Twitter handelt es sich bei Tumblr nicht ausschließlich um einen Blog oder eine Social Media Plattform. Tumblr erlaubt längere Posts, das Teilen von Bildern und etwas, das als GIF Sets bekannt ist. Millionen von Menschen nutzen Tumblr, um öffentlich Texte zu teilen, und sie bleiben dabei anonym, indem sie fiktive Usernamen verwenden, selbst das Stellen von Fragen lässt sich anonymisieren.

Tumblr wurde 2007 geschaffen, erreichte jedoch keine größere Popularität, bis es 2013 von Yahoo aufgekauft wurde. Nachdem Yahoo Tumblr erworben hatte, wurde es ein weitverbreitetes Phänomen und zog Millionen von Usern an.

Tumblr wird regelmäßig von mehr als 500 Millionen Usern genutzt. Es handelt sich hierbei also um ein ideales Medium, um eine große Zahl an Followern an Sie zu binden. Sie haben dort die Möglichkeit, Ihren Blog zu veröffentlichen, und jeder, der das möchte, kann ihn sehen. Sie können ihn benutzen, um Ihre Marke und Ihr Instagramprofil zu teilen.

SnapChat

SnapChat ist eine sehr eigene, sehr beliebte Social Media Plattform. Hier können Sie ausschließlich Bilder mit kurzen Bildunterschriften teilen und mit anderen Menschen chatten. Anstatt eines News-Feeds postet man sogenannte Snaps über die Geschichte, die man erzählen möchte. Ihre Snap-Geschichte können Sie entweder privat oder öffentlich schalten und Sie können mit ihr teilen, was immer Sie wollen. Wenn Sie Ihr Instagramprofil teilen möchten, wäre es hilfreich, wenn Sie Ihre Snap-Geschichte öffentlich schalten, damit die Öffentlichkeit sie sehen kann.

2011 wurde SnapChat von Even Spiegal unter dem Namen Picaboo entwickelt. Spiegal wollte eine Plattform schaffen, die mehr menschliche Interaktion erlaubte. Er ging davon aus, dass die Möglichkeit, Bilder hochzuladen und zu teilen, die sich nach kurzer Zeit selbst wieder löschten, den Usern erlauben würde, offener zu sein und mit mehr Gefühl zu kommunizieren. Spiegals Annahme erwies sich als korrekt. Die App hatte durchschlagenden Erfolg und jeden Tag Millionen von Nutzern.

Sie können eine Snap-Geschichte benutzen, um Ihr Instagramprofil zu repräsentieren. Aber denken Sie daran, Ihre SnapChat-Posts halten nur für einen Tag. Sie müssen also regelmäßig posten, damit Ihre Marke in der Wahrnehmung der Leute präsent bleibt.

Dies waren einige der wichtigsten Social Media Plattformen, die Sie nutzen können, um Ihren Instagramnamen bekannt zu machen und Ihre Marke in der Öffentlichkeit zu platzieren. Wenn Sie sie gemäß meiner Empfehlungen nutzen, wird es Ihnen leicht fallen, in kürzester Zeit eine große Zahl von Followern an Ihr Profil zu binden und die Leute davon zu überzeugen, Ihr Produkt zu kaufen.

Kapitel 3: Kommentare und Timing

Tipp 3: Wie man Kommentare optimal einsetzt

Sie können die Bilder anderer Leute liken und kommentieren, um Sie selbst sichtbarer zu machen. Das ist einer der natürlichsten Wege, Follower zu akquirieren. Ihr Name wird dabei von denen gesehen, die der Person folgen, der Sie folgen, und deren Foto Sie kommentiert haben. Sie schaffen Aufmerksamkeit für die Person, deren Bild Sie kommentieren, da Ihre eigenen Follower sehen können, wem Sie einen Kommentar schreiben, indem sie die Discover Tab-Funktion benutzen.

Es gibt ein paar grundlegende Ratschläge dafür, Kommentare und Likes einzusetzen, um neue Follower anzuziehen. Halten Sie die folgenden Tipps ein und Sie werden Erfolg haben. Wenn Sie meine Ratschläge nicht befolgen, kann es passieren, dass Sie einen schlechten Eindruck erwecken und die Leute von Ihrer Seite verschrecken. Es gibt definitiv eine richtige und eine falsche Art, einen Post zu kommentieren.

- Kommentieren Sie schnell: Das Ziel lautet, als einer der obersten Kommentare gesehen zu werden. Je früher Sie kommentieren, desto mehr Leute werden Sie sehen. Diese

Leute werden Ihnen folgen, denn ein rascher Kommentar erweckt den Eindruck, dass Sie ein aktiver Nutzer sind und bereit, mit anderen Nutzern zu interagieren. Diese Leute suchen nicht nach jemandem, der vielleicht ein, zwei Fotos von ihnen likt, sondern tatsächlich stetig ihre Posts kommentiert und mit ihnen kommuniziert. Dadurch, dass Sie rasch kommentieren, zeigen Sie ihnen, dass Sie ein aktiver und vor allem interaktiver User sind.

Wenn Sie unter den ersten sind, die einen Kommentar hinterlassen, gehören Sie automatisch zu den am meisten beachteten Kommentaren des Posts. Das bedeutet, dass Sie so eine weitaus größere Chance haben werden, eine Menge Follower an sich zu binden anstatt nur ein oder zwei. Je öfter Sie als einer der ersten kommentieren, desto größer werden die Gruppen der Follower sein, die sie damit anziehen. Dies ist wichtig für die Repräsentation Ihrer Marke. Denn, wie Sie bereits bis hierher von mir gelernt haben, je mehr Menschen Ihnen folgen, desto höher steigen die Verkaufszahlen für Ihr Produkt.

· Nutzen Sie Berühmtheiten: Es gibt jede Menge berühmte Menschen, denen Sie auf Instagram folgen können. Diese Berühmtheiten verfügen häufig über massive Followerzahlen. Je mehr Sie die Posts dieser Berühmtheiten kommentieren, desto mehr von ihren Followern können Sie an Ihre eigene Seite binden, denn die Leute mögen es, jemandem zu folgen, mit dem sie Interessen teilen.

Wenn Sie solche Posts kommentieren, denken Sie stets daran, Ihre Marke zu erwähnen, um Interesse an dem, was Sie verkaufen, zu wecken, sodass die Leute mehr über Ihr Produkt erfahren möchten. Wenn Sie zum Beispiel WiFi-Kopfhörer repräsentieren und einem Musiker folgen, schreiben Sie Kommentare wie „Hören Sie seine Musik mit dem besten Sound meiner (hier Ihr Markenname) Kopfhörer." Mit einem derartigen Kommentar, der ein kleines bisschen Information über Ihr Produkt enthält, machen Sie die Leute heiß auf mehr und kriegen sie dazu, dass sie sich Ihre Seite ansehen, um Informationen über Ihre Kopfhörer zu finden.

- Spammen Sie nicht: Niemand möchte einem Spammer folgen. Obwohl die Leute natürlich wollen, dass man ihre Posts kommentiert, gibt es einige allgemeingültige wichtige Richtlinien, was das Kommentieren angeht. Sie müssen sich an diese Richtlinien halten, wenn Sie die von Ihnen angestrebte Zahl an Followern erreichen wollen. Wenn Sie sie missachten, werden Sie die Leute verärgern und von Ihrem Profil verschrecken, was dazu führen kann, dass Sie am Ende von allen ignoriert werden.

Die erste Regel ist, dass Sie jeden Post nur ein einziges Mal kommentieren. Es sei denn, jemand stellt Ihnen in der Kommentarsektion eine Frage und benutzt dabei Ihren Usernamen. Ansonsten gilt die Regel: Ein Kommentar pro Post. Höchstens zwei, wenn Sie in Ihrem ersten Post etwas Wichtiges vergessen haben, das Sie noch mitteilen wollten. Wenn Sie sich nicht an die Regel halten und auf einen einzelnen Post zigfach antworten, werden Sie die Person, die den Post hochgeladen hat, auf Sie wütend machen. Das Gleiche gilt für jeden anderen, der besagten Post kommentieren oder bloß lesen will und dafür Ihre ellenlangen Kommentare durchscrollen muss. Ein solches Kommentierverhalten kann sogar dazu führen, dass man Sie blockt, was Ihren Zielen diametral entgegenläuft.

Kommentieren Sie außerdem nichts, das mit dem Post nichts zu tun hat. Wenn Ihr Ziel lautet, Ihr Gegenüber dazu zu verleiten, sich Ihre Seite anzusehen, dann kommentieren Sie etwas, das einen Bezug zu dem ursprünglichen Post hat, aber gleichzeitig auf die ein oder andere Art mit Ihrem eigenen Profil in Verbindung steht, um Interesse an Ihrer eigenen Seite zu wecken. Ansonsten wird man Sie nur völlig ignorieren, da man Sie für einen Spammer oder Roboter hält. Ihr Ziel ist, dass man Ihr Profil zur Kenntnis nimmt und dadurch Ihre Marke. Also wollen Sie nicht, dass man Ihren Kommentar einfach überliest. Stattdessen sollte sich Ihr Kommentar von den anderen abheben, aber auf eine gute Art.

Kommentieren Sie nicht alles und jedes, das jemand postet. Das macht Sie zu einem Stalker und hätte zur Folge, dass Sie die Leute abschrecken, was wiederum dazu führen könnte, dass Sie geblockt werden. Außerdem würden die anderen User dann höchstwahrscheinlich auf Instagram schlechte Rezensionen über Sie posten. Sie fahren also weit besser damit, nur einige ausgesuchte Posts Ihres Gegenübers zu kommentieren, bis Sie mit ihm oder ihr eine Freundschaft geschlossen haben, die stark genug ist, dass Ihr Gegenüber sich darüber freut, wenn Sie eine größere Menge seiner oder ihrer Posts kommentieren.

- Seien Sie abwechslungsreich: Man sagt, Abwechslung bereichert das Leben. Dies gilt auch für Instagram. Folgen Sie einer buntgemischten Auswahl von Leuten jeder Couleur. Folgen Sie nicht nur einer bestimmen Sorte von Leuten wie zum Beispiel Popmusikern. Es gilt, eine breitgefächerte Gefolgschaft zu rekrutieren. Beginnen Sie mit einer bunten Auswahl von Musikern aus allen Herren Genres. Sogar wenn Sie ihre Musik nicht mögen oder gar kennen. Danach machen Sie das Gleiche mit Schauspielern, dann mit Sportlern und so weiter. Dies macht Ihr Profil für eine größere Zahl von Menschen anziehend, da Sie so Menschen von überall her erreichen können und auf die Posts der verschiedensten Leute reagieren.

Dies war eine Anleitung dazu, wie Sie Kommentare zu Ihrem Vorteil einsetzen und neue Follower gewinnen. Merken Sie sich, dass Sie Ihren Horizont erweitern, vielen Leuten folgen und jede Menge Kommentare für jede Menge Bilder schreiben müssen. Gehen Sie davon aus, dass Sie etwa 10 Follower pro 100 kommentierter Bilder erhalten werden. Wenn Sie es jedoch schaffen, als einer der Ersten oder gar als Erster auf den Post einer Berühmtheit zu antworten, dann könnten Sie mit einem einzigen solchen Kommentar bis zu 100 Follower auf einmal gewinnen. Dies ist jedoch ein Sonderfall, der selten vorkommt, denn auf Instagram sind derart viele Menschen unterwegs, dass Sie es Tag und Nacht im Auge behalten müssten, um die Chance auf einen solchen Sonderfall zu bekommen.

Tipp 4: Das richtige Timing

Das richtige Timing ist essentiell, wenn Sie von den Leuten gesehen werden wollen. Sie müssen zu Zeiten posten, in denen der Feed nicht mit neuen Posts verstopft ist, aber zugleich eine hohe Schlagzahl an möglichen Interessenten herrscht. Es gibt mehrere Zeiten, zu denen Sie das erreichen können. Es folgen nun einige lohnende Zeitpunkte, an denen Sie am besten posten und einige

Ratschläge darüber, wie Sie am besten posten, um das Interesse der Leute daran zu wecken, was Sie zu sagen haben. Je genauer Sie auf die folgenden Hinweise achten, desto größer wird die Öffentlichkeit sein, die Sie mit Ihren Posts erreichen können.

2 Uhr morgens

2 Uhr morgens ist die Zeit, zu der die meisten Leute nicht schlafen können. Also liegen sie im Bett und beschäftigen sich mit der Social Media Plattform ihrer Wahl. Und seit neuestem ist Instagram die am meisten gewählte Option in diesem Bereich. Diese Leute werden jedoch nichts posten, weil sie zu müde sind, um den Einsatz aufzubringen, der notwendig ist, ein Bild auszusuchen, es zu bearbeiten, eine Unterschrift zu erfinden und es dann noch hochzuladen. Sie scrollen also stattdessen nur durch ihren Feed und sehen sich ihre bevorzugten Hashtags an. Und das ist der Punkt, an dem Sie dazukommen. Wenn Sie um diese Zeit posten, dann ist Ihnen ein weit größerer Umfang an Aufmerksamkeit sicher als zu anderen Zeiten, denn dieser Zeitpunkt sichert Ihnen erhöhte Aufmerksamkeit. Insbesondere, wenn Sie die richtigen Hashtags dabei einsetzen. Ich habe ein paar Tipps für Sie bezüglich dem Posten um diese Uhrzeit, deren Einhaltung zur Folge haben wird, dass Ihnen mehr Leute folgen.

· Witze: Jeder Witz ist um 2 Uhr morgens lustiger. Teilen Sie ein lustiges Bild oder machen Sie einen Witz in einer

Bildunterschrift. Damit ist Ihnen sicher, dass Sie die Leute auf eine Art erreichen, die es Ihnen erlaubt, eine Verbindung zu ihnen herzustellen. Sie brauchen solche Verbindungen, um Ihrem Produkt den richtigen menschlichen Touch zu verleihen. Witze sind eine wunderbare Art, dies zu erreichen, und um 2 Uhr morgens müssen Sie nicht von Beruf Komiker sein, um die Leute zum Lachen zu bringen. Selbst die abgedroschensten Jokes werden zu echten Schenkelklopfern, wenn man müde ist.

- Like for Likes: Um 2 Uhr morgens hat keiner Lust, Shares zu tauschen. Vielmehr will man lieber einfach nur Sachen liken. Wenn Sie Likes per Like for Like tauschen, ziehen Sie immer noch Aufmerksamkeit auf sich, denn die Freunde und Follower derer, mit denen Sie Likes getauscht haben, die auch um 2 Uhr nachts noch wach sind, werden das sehen und auf Ihr Profil schauen, denn was gäbe es um die Uhrzeit auch Besseres zu tun?

- Tag for Likes: Diese Taktik bezieht sich darauf, wenn User ihre Freunde in Posts taggen, und Sie ein paar solcher Posts liken. Diese Taktik ist um 2 Uhr morgens extrem effektiv, denn diese Leute sind um diese Zeit nicht mit ihren Freunden zusammen, was ihnen erlaubt, sich in Posts gegenseitig zu taggen, und wenn Sie so einen Post liken, erregen Sie und Ihr Gegenüber damit erneut Aufmerksamkeit.

Dies waren nur ein paar der Arten von Posts, die Sie um 2 Uhr nachts kreieren können. Es gibt viele mehr, wie zum Beispiel niedliche Tierfotos, aber letztere gehen eigentlich immer. Am allerwichtigsten ist, dass Sie Ihren Posts stets einen menschlichen Touch mitgeben. Dies ist besonders spät in der Nacht oder früh am Morgen wichtig. Denn zu dieser Zeit sind die Menschen gefühlsmäßig am anfälligsten. Deshalb handelt es sich dabei um die Zeitspanne, in der die stärksten zwischenmenschlichen Bande geknüpft werden. Wenn Sie um diese Zeit posten, versuchen Sie trotzdem nicht zu sehr auf die Tränendrüse zu drücken, denn Sie wollen die Leute auch nicht todtraurig ins Bett schicken.

2 Uhr morgens ist jedoch nur einer von mehreren Zeitpunkten, an denen sich das Posten besonders lohnt. Wenn Sie nicht so lange wach bleiben können, habe ich noch ein paar andere Zeiten für Sie, an denen Ihnen große Aufmerksamkeit garantiert ist. Diese folgen nun.

Fünf Uhr nachmittags

17 Uhr ist die Zeit, um die alle Feierabend haben. Üblicherweise entspannen die Leute sich jetzt zu Hause und scrollen ziellos auf der Suche nach etwas Interessantem durch ihre Feeds, denn sie haben generell keine Lust, sich nach einem langen

und anstrengenden Tag auf der Arbeit (oder für manche in der Schule) die Mühe zu machen, etwas hochzuladen. Um diese Zeit wollen die Leute bloß gucken, was gepostet wurde, als sie weg waren. Deshalb ist 17 Uhr eine der besten Zeiten für einen Post, sogar besser als 2 Uhr morgens, denn um 5 sind Millionen von Menschen online statt einiger tausend. Nachmittags ist der Großteil der Weltbevölkerung wach, fast alle von ihnen scrollen durch die diversen Social Media Seiten und bei diesen Plattformen handelt es sich häufig um Instagram. Hier sind einige Tipps und Ratschläge, wie Sie Ihre nachmittäglichen Posts für die scrollende Bevölkerung anziehender gestalten können.

- Benutzen Sie Hashtags: Egal welchen. Die Leute werden um diese Zeit ihre Lieblinge suchen, um zu sehen, was sie verpasst haben und generell gute Posts zu finden. Merken Sie sich, nicht zu viele Hashtags auf einmal einzusetzen. Vermeiden Sie es geflissentlich, zu viele zu verwenden, denn Ihre Posts sollen nicht für Spam gehalten werden. Gute Bilder helfen Ihnen dabei, Aufmerksamkeit für Ihre Hashtags zu erzeugen.

- Inspiration: Manche Menschen sind nach der Arbeit wirklich müde und haben zu Hause dann auch viel zu erledigen oder sie müssen noch zur Schule oder zu einem Nebenjob. Inspirierende Posts sind um diese Zeit die beste Wahl, da sie den Leuten dabei helfen, am Ende des Tages zur Ruhe zu kommen, anstatt sich ausgebrannt zu fühlen, weil sie ihre Motivation für den Tag schon aufgebraucht haben. Motivierende Posts können diesen Leuten dabei helfen, es durch den Rest des Tages zu schaffen, und Ihnen weit mehr Follower bringen, als wenn Sie dauernd nur Ihre Marke posten würden. Keiner will das Gefühl haben, das sie dem Instagram eines Warenhandels folgen.

- Positive Vibes: Obendrein könnten Sie sich zu dieser Tageszeit darin versuchen, positive Vibes auszusenden, um den Leuten dafür auf die Schulter zu klopfen, dass sie es durch einen weiteren Arbeitstag geschafft haben. Die Welt der Erwachsenen ist ein raues Pflaster und manchmal braucht man einfach jemanden, der einem sagt, dass man einen guten Job gemacht hat, sogar was die kleinen Dinge angeht, wie zum Beispiel die erfolgreiche Bestehung eines weiteren Arbeitstags. Anders als in unserer Adoleszenz haben wir im Erwachsenenalter niemanden mehr, der uns sagt, dass er oder sie stolz auf uns ist, dafür, dass wir alltägliche Aufgaben gemeistert haben, und das kann sehr deprimierend sein. Deshalb kann ein Post, der den Leuten gratuliert, einen weiteren Tag herumgekriegt zu haben, einem ein gutes Gefühl geben. Das ist die Art Gefühl, die wir nach einem langen und anstrengenden Arbeitstag haben wollen. Solche Posts helfen Ihnen definitiv dabei, die

Zahl Ihrer Follower merklich zu erhöhen, denn die Leute werden Ihnen für die positiven Vibes dankbar sein und mehr davon wollen.

Dies waren einige gute Ratschläge für das Posten um 17 Uhr. Denken Sie daran, dass die Leute gerade Feierabend gemacht haben und gerade jetzt nicht mit traurigen Dingen behelligt werden wollen oder mit kritischen Nachrichten aus der harten Realität. Um diese Zeit gilt es, aufmunternde Dinge zu veröffentlichen. Ein bisschen positives Denken kann viel erreichen und das hilft Ihnen dabei, eine größere Gefolgschaft zu gewinnen. Die Leute werden mehr von Ihren Posts haben wollen, um die Niedergeschlagenheit aus ihren Feeds zu verbannen. Schneidern Sie Ihre Posts auf Ihr Publikum zu. Lassen Sie es nicht dabei verbleiben, nur Ihre Marke zu repräsentieren. Eigenwerbung kann inspirierend sein, aber zu viel des Guten könnte Ihr Gegenüber vertreiben. Also haben Sie bloß keine Furcht davor, etwas zu posten, dass sich nicht direkt auf Ihr Produkt bezieht.

Sonntage

Sonntage haben keine festgelegte Uhrzeit, an der sich das Posten mehr lohnen würde. Aus irgendeinem Grund folgen die Leute der „keine Posts am Sonntag“-Regel ein bisschen zu ernsthaft und das bezieht sich nicht nur auf ihre Emails, sondern schließt häufig auch ihre Social Media Accounts mit ein. Sie werden merken, dass neue Posts an Sonntagen sporadisch sind, was diese zu großartigen Tagen zum Posten für Sie machen, da die Leute an diesen Tagen scrollen, aber nicht posten. Ihren eigenen Posts ist also eine hohe Aufmerksamkeit schlichtweg garantiert. Sie müssen es nur schaffen, ein bestimmtes Publikum anzusprechen. Sonntags gehören geistliche Posts zu den meist angesehenen. Sie müssen sich nicht unbedingt auf eine bestimmte Religion beziehen. Posten Sie einfach etwas, dass mit Ihrer persönlichen Spiritualität zu tun hat, etwas das in Frage stellt, was Sie glauben, während Sie gleichzeitig festlegen, dass Ihr Glaube standfest ist. Es folgen nun einige Ratschläge in jenem Geist darüber, was man an Sonntagen am besten wie postet.

- Drücken Sie auf die Tränendrüse: Sonntage sind die Zeit, um kräftig auf die Tränendrüse zu drücken. Jetzt können Sie die Art von Dingen posten, die Sie an Wochentagen vermeiden würden, weil die Leute sonst noch auf die Idee kommen könnten, dass Sie nur solche Sachen posten. Sonntags neigen die Leute in der Regel zu Melancholie und sind deshalb enorm anfällig für emotionale Posts. Indem Sie die Emotionen der Leute ansprechen, ist Ihnen quasi garantiert, eine hohe Aufmerksamkeit zu erreichen, die sich in der Zahl Ihrer Follower niederschlagen wird.

- Spiritualität: Noch einmal zur Wiederholung, Sie müssen sich keinesfalls auf eine bestimmte Religion beziehen.

Tatsächlich ist es bei weitem zu bevorzugen, sich nicht auf eine bestimmte Religion festlegen zu lassen, wenn Sie Posts erstellen, die mit Ihrer Marke in Verbindung stehen, denn auf diese Weise vermeiden Sie es, bestimmte Gruppen vor den Kopf zu stoßen. Es kann sich jedoch sehr wohl als hilfreich erweisen, Selbstbesinnungsposts zu kreieren, denn so gut wie jede Religion beinhaltet dieses Element in der einen oder anderen Form. Solche Posts werden die Zahl Ihrer Follower in die Höhe gehen lassen, denn die Leute mögen es, wenn jemand Verbindungen zu vielen verschiedenen Gruppen von Menschen hat, anstatt sich auf eine bestimmte Gruppe festzulegen und alle anderen abzulehnen.

- Posts über Musik: Sonntag ist der beste Tag, um Musik zu hören. Wenn Sie ein Lied haben, das Sie gerne mit dem Rest der Welt teilen würden, weil Sie es toll finden, dann ist sonntags die beste Zeit zum Teilen, da sind die Menschen eher dazu bereit, sich neue Musik anzuhören. Jeder, aber auch wirklich jeder, liebt Musik. Also können Sie sich sicher sein, dass Sie eine Verbindung zu einigen Menschen aufbauen werden, weil sich für jede Art von Musik irgendwo auf der Welt eine Gruppe von Liebhabern finden lässt. Sogar Taubstumme lieben Musik. Sie können das Schlagzeug fühlen und ihr Geist erlaubt ihnen, den

Rest zu erahnen. Musikposts sind an Sonntagen also immer eine gute Idee, denn an diesem Tag hören mehr Leute Musik als an jedem anderen, es gibt sonntags auch weit weniger Leute, die posten, was bedeutet, dass Ihnen eine erhöhte Aufmerksamkeit sicher ist.

Kapitel 4: Die Konkurrenz beobachten und der eigene Stil

Tipp 5: Kundschaften Sie die Konkurrenz aus

Dieser Unterpunkt befasst sich damit, dass Sie eine gewisse Rechercheleistung erbringen müssen, um auf Instagram mehr Follower zu bekommen. Sie müssen sich mit anderen Unternehmen befassen und herausfinden, wie diese ihr Instagram betreiben und wie viele Follower sie haben. Beginnen Sie damit, ein paar Ihrer bevorzugten Unternehmen zu folgen. Auf diese Weise können Sie sehen, was sie liken, kommentieren und wie sie ihre Seite betreiben. So bleiben Sie mit deren Posts auf dem neuesten Stand, was Ihnen dabei helfen wird, das Muster in ihrem Postingverhalten zu erkennen. Dies ist extrem wichtig und der folgende Teil meines Textes wird sich damit befassen, wie Sie es am besten anstellen, größere Unternehmen auf Instagram unter die Lupe zu nehmen, um für Sie selbst mehr Follower zu gewinnen.

Beobachten Sie die Konkurrenz

Wenn Sie nicht der einzige sind, der ein bestimmtes Produkt anbietet, dann ist es sinnvoll, sich die Konkurrenz einmal näher anzusehen. Das wird Ihnen helfen, zu sehen, was die anderen machen, und ob es ihnen mehr oder weniger Aufmerksamkeit einbringt, als Sie selber bekommen. Sie müssen die Konkurrenz auskundschaften, sonst denken Sie vielleicht, Sie wären der Beste, nur um später herauszufinden, dass Sie damit völlig danebenlagen. Die beste Lösung ist also, Ihren Konkurrenten zu folgen. Sie können das mit dem Instagram Ihrer Marke machen oder Sie kreieren dafür einen neuen Account. Die zweite Variante ist die bessere. Denn sonst würden Sie Ihrer Konkurrenz sehr schnell auffallen und diese Leute würden Sie fertigmachen. Wenn Sie dafür stattdessen Ihr persönliches Instagram benutzen, wären Sie ein bisschen besser geschützt, wenn Sie Ihre Rivalen im Auge behalten.

Wenn Sie sich Ihre Rivalen ansehen, achten Sie darauf, was diese anders als Sie machen. Nachdem Sie das ausgekundschaftet haben, finden Sie heraus, ob es Ihren Konkurrenten hilft oder schadet. Sehen Sie sich die Kommentare an, die sie zu ihren Posts bekommen, um herauszulesen, wie die Mehrheitsmeinung zum Unternehmen lautet. Wenn die Rezensionen alle eher gut sind, dann verwenden Sie diese Strategie vielleicht für Ihr eigenes Unternehmen. Vermeiden Sie es jedoch tunlichst, unverhohlen den Stil Ihres Konkurrenten zu kopieren, weil dies eine Form von Plagiat wäre.

Machen Sie sich außerdem bewusst, wem Sie folgen, denn das hilft Ihnen, zu verstehen, wie Ihr Konkurrent zu seinem Erfolg gekommen ist. Wenn er erfolgreicher ist als Sie und Leuten folgt, denen Sie selbst nicht folgen, dann probieren Sie es aus, einigen dieser Leute auch zu folgen. Das wird Ihnen dabei helfen, das Interesse von mehr Leuten zu erregen, mehr Fotos zu kommentieren und mehr Follower zu bekommen.

Alles in allem muss es nicht sonderlich schwierig sein, Ihre Konkurrenz auszukundschaften. Sie müssen dabei einfach vorsichtig sein, um keinen Ärger wegen Urheberrechtsverletzungen oder anderen Problemen dieser Art zu kriegen. Denken Sie außerdem stets daran, Ihrem eigenen Stil treu zu bleiben, anstatt den eines anderen zu kopieren. Ihr eigener Stil ist das einzige, das Sie von den anderen Unternehmen unterscheidet, die ein dem Ihren ähnliches Produkt vertreiben. Wenn Sie anfangen, sich nach der Konkurrenz zu richten, dann können Sie Ihr Unternehmen genauso gut an sie verkaufen. Einzelne Ideen zu übernehmen, ist eine Sache, Sie müssen sie jedoch in Ihre eigenen verwandeln, ansonsten machen Sie sich des Plagiats schuldig, was verboten ist. Und nicht nur das, mit einem Plagiat verlieren Sie das menschliche Element, das Ihr Produkt auszeichnen sollte, was für Ihre Verkaufszahlen vernichtend wäre. Also benutzen Sie die Ideen anderer, bloß nicht zu viele, und vermeiden Sie es vor allem, die harte Arbeit anderer Leute zu nehmen und so zu tun, als wäre es Ihre eigene.

Sehen Sie sich die Erfolgreichen an

Sehen Sie sich die Leute auf Instagram an, die angesagt sind. Diese neuen und aufsteigenden Leute werden viele neue Follower gewinnen, und wenn Sie aktiv mit ihnen interagieren, wird sich das auch positiv auf Ihre eigene Followerzahl auswirken. Wenn Sie mit diesen angesagten Leuten Shares tauschen, dann, wer weiß, vielleicht sind Sie dann selbst bald gefragt. Es gibt jedoch einige Dinge zu beachten, damit Sie dabei keine Bruchlandung hinlegen.

Zuallererst ist es wichtig, im Kopf zu behalten, dass Sie diesen Leuten nicht versuchen, Ihre Marke aufzuzwingen. Um genau zu sein, vermeiden Sie es anfangs völlig, sie zu erwähnen. Ihr Gegenüber lernt Ihre Marke kennen, wenn er oder sie sich Ihre Biografie ansieht, also seien Sie nicht aufdringlich. Warten Sie ab, bis er oder sie von sich aus nach Ihrer Marke fragt. Und wenn sie sich nicht danach erkundigen, dann belassen Sie es fürs Erste dabei. Sie wollen eine Art verwandtschaftliches Verhältnis herstellen und ein offenes Ohr für Ihre Fragen finden. Der Grund, warum Sie dies wollen, lautet, dass Sie in der Lage sein möchten, eine große Menge von deren Posts zu kommentieren, ohne als ein Stalker gebrandmarkt zu werden. Sie wollen, dass er oder sie sich über Ihre häufigen Kommentare freut, denn das wird Ihnen die Aufmerksamkeit sehr vieler Leute einbringen und desto mehr werden Ihnen folgen wollen.

Wichtig ist des Weiteren, dass Sie immer vorher um Erlaubnis bitten, bevor Sie so jemanden teilen. Während die meisten Leute es lieben, wenn ihre Seiten geteilt werden, kann es passieren, dass Leute sich überfordert fühlen, die erst seit kurzem gefragt sind, und nicht wollen, dass man ihnen durch Teilen noch mehr Aufmerksamkeit beschert. Obwohl es Ihnen beiden Aufmerksamkeit generiert, wenn Sie sie teilen oder taggen, kann es sein, dass diese zusätzliche Aufmerksamkeit Ihrem Gegenüber zu diesem Zeitpunkt nicht willkommen ist. Wenn Sie jedoch auf Ihre entsprechende Nachfrage grünes Licht bekommen, dann teilen Sie los, so viel wie möglich.

Und zu guter Letzt, nur weil Sie jemanden kennen, dann heißt das nicht, dass Sie auf einmal die besten Freunde sind. Schreiben Sie also keinesfalls Sachen wie „mein bester Freund (Name hier) hat gerade ein neues Foto gepostet, seht es euch an.“ Es sei denn, sie machen dasselbe von sich aus mit Ihren Posts. Ansonsten könnte es passieren, dass man Ihnen das übelnimmt, weil Ihr Gegenüber den Eindruck haben könnte, dass Sie sich selbst in den Vordergrund spielen wollen, um mehr Likes und Follows zu gewinnen. Und obwohl Ihre Kommentare dabei mit dem Profil Ihres Gegenübers verlinkt wären, würde es vielleicht trotzdem das Gefühl bekommen, dass Sie ihn oder sie nur benutzen, um in Ihr eigenes Horn zu blasen.

Dies waren einige Ratschläge, die Ihnen dabei helfen können, mit der In-Crowd von Instagram assoziiert zu werden. Merken Sie sich, dass Sie keinesfalls zu begierig erscheinen wollen. Es ist genau wie in der Schule. Die Mitglieder der coolen Cliquen riechen es meilenweit gegen den Wind, wenn man zu erpicht darauf ist, dazuzugehören. Und Sie wollen auf keinen Fall zu dieser Kategorie zählen.

Beschatten Sie die Marktführer

Es führt für Sie letztendlich kein Weg daran vorbei, den wirklich großen Unternehmen auf Instagram zu folgen. Das gilt sogar für Instagram User, die nur gelegentlich online sind. Nichtsdestotrotz scrollen Sie nicht einfach nur durch deren Posts, nehmen Sie bewusst zur Kenntnis, was sie posten. Denken Sie daran, dass diese Seite von realen Menschen betrieben wird, also werden die entsprechenden Seiten mehr zu bieten haben als Ware in Regalen, denn reale Menschen sind sich der Wichtigkeit des menschlichen Touchs für einen Post bewusst. Sie wollen, dass die Leute etwas auf der emotionalen Ebene mit Ihnen anfangen können. Das bedeutet, dass Sie wahrscheinlich irgendwelche inspirierenden Zitate teilen oder etwas in dieser Art machen werden, wenn Sie nicht gerade in der Pflicht sind, für Ihr Unternehmen zu posten.

Beachten Sie die Technik, die Ihr Gegenüber anwendet. Antworten sie auf Kommentare mit Humor oder jedes Mal mit demselben Link? Zeigen sie Empathie oder schalten sie nur automatische Antworten? Vergleichen Sie die Antworten auf diese Fragen mit der Anzahl der Follower, die das Unternehmen hat. Sie werden dabei herausfinden, dass die, die mit Empathie und Humor antworten, diejenigen sind, die die meisten Follower haben, und daran sollten Sie sich selbst orientieren. Wenn Ihnen jemand eine Frage stellt, antworten Sie nicht einfach mit einem Link. Nehmen Sie sich die Zeit, offenherzig zurückzuschreiben und nicht wie ein Roboter.

Dies waren einige Methoden, wie man auf Instagram am besten recherchiert. Wenn Sie meine Tipps befolgen, werden Sie herausfinden, wie die meisten populären Seiten betrieben werden. Auf diese Art werden Sie sehen, was Sie an Ihrer eigenen Präsenz ändern müssen und wie Sie sie verbessern können, um mehr Follower anzuziehen.

Tipp 6: Finden Sie Ihren einzigartigen Stil

Obwohl es notwendig ist, dass Sie sich die großen Unternehmen ansehen und herausfinden, wie diese ihre Seiten betreiben, ist es immer noch essentiell wichtig, dass Sie Ihren eigenen Stil entwickeln. Sie wollen einen Wiedererkennungswert bei den Leuten erzeugen, die durch Ihren Feed scrollen. Sie wollen, dass diese Leute innehalten, weil sie von Ihren geposteten Bildern begeistert sind und gespannt auf Ihre neuen Updates. Um das zu erreichen, müssen Sie einzigartig sein. Das bedeutet, dass Sie einen Stil für Ihre Seite festlegen müssen, dem Sie in 90% Ihrer Posts folgen. Ein paar Abweichungen sind in Ordnung, aber diese sollten hervorstechen und als solche gekennzeichnet sein. Kohäsion ist fast immer am wichtigsten. Nun folgen einige Hinweise von mir, wie Sie die Einzigartigkeit Ihrer Seite am besten etablieren.

Benutzen Sie stets denselben Filter für die Bilder, die Sie posten. Jeder Filter sieht anders aus. Es macht Spaß, mit ihnen zu experimentieren, aber behalten Sie Ihre Experimente für sich oder benutzen Sie sie für Ihr persönliches Instagram. Auf der Seite Ihres Unternehmens müssen Sie den gleichen Filter beibehalten, sodass Ihre Bilder für jemanden, der nur ziellos durch die Gegend scrollt, einfach zu erkennen sind. Der professionellste aller Filter ist der Mayfair Filter. Wenn Sie sich also nicht sicher sind, welchen Sie nehmen sollten, dann nehmen Sie den. Er schafft die meiste Aufmerksamkeit wegen seines professionellen Aussehens. Sie können auch andere Bearbeitungsapps verwenden, um Ihre eigene Note zu finden.

Außerdem müssen Sie sich für ein Farbschema entscheiden und festlegen, ob Sie Ihren Fotos einen Rand geben wollen. Ränder und Farbschemata sind der beste Weg, sich bemerkbar zu machen, denn obwohl Millionen von Leuten denselben Filter für ihre Fotos benutzen wie Sie, verwenden nur wenige Ränder oder ein bestimmtes Farbschema. Sie müssen sich bei der Auswahl

Ihrer Ränder nicht von Instagram einschränken lassen. Es gibt haufenweise Bearbeitungsapps, die es Ihnen umsonst erlauben, einen einzigartigen Rand zu entwerfen. Je einzigartiger Ihre Ränder sind, desto höher ihr Wiedererkennungswert. Das gleiche gilt für das Farbschema. Wenn Sie zum Beispiel ein konsistentes rot/blau Schema für Ihre Bilder gewählt haben, werden die Leute innehalten, wenn sie durch ihre Timelines scrollen und diese Farbkombination sehen, und meistens wird das bei Ihren Posts geschehen. Kombinieren Sie beides miteinander und Sie werden unverwechselbar aus den Feeds hervorstechen, durch die die Leute scrollen.

Des Weiteren müssen Sie festlegen, welche Art von Inhalten Sie dominant posten möchten. Natürlich wird der Inhalt mit Ihrer Marke zu tun haben, aber wie werden Sie sie ausstellen? Werden Sie andere Leute zeigen, die Ihre Marke benutzen? Werden Sie sich selbst mit Ihrer Marke zeigen? Werden Sie sie auf Fotos von Denkmälern oder Schnappschüssen von der Natur an cleveren Stellen verstecken? Die Möglichkeiten sind schier endlos. Sie wollen, dass die Leute Ihre Marke sehen, selbst wenn sie nicht wirklich auf den Bildschirm achten.

Schaffen Sie einen eigenen Hashtag für Ihre Marke. Das habe ich schon bei den Tipps weiter oben erwähnt, aber nun kommt eine vertiefte Version des ursprünglichen Ratschlags. Einen Hashtag für Ihre Marke zu schaffen ist nicht gleichbedeutend damit, einfach eine Raute vor den Namen Ihrer Marke zu stellen. Ihr Hashtag sollte individuell und einzigartig sein. Ein Hashtag, der erfasst, was Ihre Firma tut, und es der Öffentlichkeit näherbringt, der genau auf Sie zugeschneidert ist, etwas Einzigartiges, das die Leute innehalten lässt, um sich anzusehen, was Sie gepostet haben. Außerdem kann man nach ihm suchen, weil er einzigartig ist, um zu sehen, welche Ihrer Updates sie in der Zwischenzeit vielleicht verpasst haben, ohne dass man Millionen Posts durchscrollen muss, die nichts mit dem zu tun haben, was man finden möchte. Ein einzigartiger Hashtag ist eine wunderbare Art, Ihren eigenen Stil zu etablieren, um Ihre Marke zu bewerben.

Darüber hinaus, einen Hashtag zu kreieren, der Ihre Marke abhebt, ist es auch eine gute Idee, die Ihren Followern erlaubt, mit Ihnen zu interagieren. Das bedeutet, dass Sie diesen Hashtag einsetzen, um Ihre Follower darin zu bestärken, Bilder zu posten, auf denen sie mit Ihrem Produkt zu sehen sind, und sie mit dem von Ihnen gewählten Hashtag zu kennzeichnen. Nehmen wir zum Beispiel die Idee mit den WiFi Kopfhörern. Dafür würden Sie einen Hashtag wie #wifIcanthearyou nehmen bei einem Foto, das Ihren Follower zeigt, wie er mit Ihren Kopfhörern abrockt. Dieser eigentümliche Hashtag wird dafür sorgen, dass sich die Leute mit Ihrer Marke auseinandersetzen, dass sie sich wichtig fühlen, weil sie sich selbst zeigen, wie sie mit Ihrem Produkt angeben, und sie wissen, dass Sie diese Bilder sehen werden und die Möglichkeit besteht, dass Sie direkt darauf reagieren, was den menschlichen Touch hervorhebt.

Auf diese Art machen Sie Ihre Follower auf Ihre Posts aufmerksam, selbst wenn sie nur ziellos durch die Gegend scrollen sollten. Indem Sie sich selbst einzigartig machen, etablieren Sie einen eigenen Stil, der leicht unter den Horden von Posts zu erkennen sein wird, die stündlich neu erscheinen. Dies wird es Ihnen erlauben, neue Updates mit Ihren Followern zu teilen, ohne dass Sie sich Sorgen machen müssten, dass sie sie nicht zu Gesicht bekommen.

Kapitel 5: Ihr Profil und Ihre Ziele

Tipp 7: Wie Sie Ihr Profil gestalten

Der folgende Ratschlag beinhaltet, dass Sie Ihr Profil interaktiv gestalten und es einfach zu finden machen. Außerdem wollen Sie eindeutig klarstellen, worum es bei Ihrem Profil geht. Sie möchten, dass die Infos, die Sie zur Verfügung stellen, klar umrissen und konzis sind, und dass die Leute Ihre Marke kaufen. Der beste Weg dafür ist, eindeutig klarzustellen, was Ihre Marke darstellt. Es folgen nun einige Möglichkeiten zusammen mit Hinweisen darüber, wie Sie am besten mit ihnen umgehen.

Beginnen wir mit Ihrem Profilbild. Es sollte ein Bild sein, das Ihre Marke im ganzen Sinne des Wortes repräsentiert. Ob es Ihr Logo ist oder ein Foto des Produkts, wichtig ist, dass Ihr Produkt dargestellt wird und nicht Sie selbst. Obgleich Sie die Person sind, die die Marke geschaffen hat, Sie verkaufen keinesfalls sich selbst (denn, wenn Sie das täten, wäre es eine Form von Prostitution, was illegal ist und außerdem etwas, das Sie besser nicht machen). Sie müssen als Profilfoto also Ihre Marke verwenden. Es sollte gewagt sein und darüber hinaus Ihr Farbschema etablieren, das Sie auf Ihrer Seite benutzen. Die Leute werden Sie an Ihrem

Profilbild erkennen. Es ist, was die Leute bemerken, wenn sie durch die Posts und Kommentare scrollen, und es gibt viele andere Stellen, wo man es verwenden wird, um Sie wiederzuerkennen. Sie sollten es also über eine längere Zeitdauer verwenden. Sie wollen außerdem, dass es einzigartig ist und hervorsticht. Ganz besonders wichtig ist, dass Sie Ihre Follower vorwarnen, wenn Sie es dann doch ändern. Tun Sie das nicht, werden Sie sie verwirren. Denn wenn sie dann nach Ihrem Profilbild suchen, werden sie sehen, dass es sich geändert hat, und nicht wissen, was sie davon halten sollen. Das könnte sie gegen Sie aufbringen, denn viele Leute mögen einfach keine Veränderung.

Wenn Sie sich erst einmal für ein Profilbild entschieden haben, können Sie zum nächsten Schritt übergehen und nach einem Benutzernamen suchen. Dies sollte Ihnen nicht schwerfallen. Er sollte Ihre Marke auf die bestmögliche Weise repräsentieren. Das bedeutet, dass Sie den Markennamen in Ihren Benutzernamen integrieren, damit Sie leicht zu finden und zu erkennen sind. Nehmen wir zum Beispiel die Idee mit der Kreuzworträtselapp: _FacebookCrosswordApp oder etwas ähnlich Einfaches. Fügen Sie keine unnötigen Zeichen oder Buchstaben hinzu. Ich denke, da sind wir schon lange drüber hinweg, denn wir leben nicht mehr in der MySpace-Zeit. Wir haben die 2000er hinter uns und sind in der Mitte einer völlig neuen Dekade, in der diese Unsitte, überflüssige Buchstaben und Zeichen zu verwenden, langsam ausstirbt. Das ist eine gute Sache, denn nun ist es einfacher, sich Benutzernamen zu merken. Sie wollen, dass er einfach ist, damit die Leute ihn in die Suchfunktion eintippen und Sie so leicht finden können. Mit Benutzernamen wie Myf@c3b0okpU2213_ wäre das ziemlich schwierig, weil sich die meisten Leute so einen Namen nicht merken können. Sie bräuchten schon ein fotografisches Gedächtnis, um wilde Aneinanderreihungen von Buchstaben und Ziffern zu behalten. So etwas benutzt man besser als Passwort.

Sobald Sie sich für einen Nutzernamen entschieden haben, der einzigartig ist, aber nicht allzu schwer zu merken, ist es an der Zeit, sich Ihrer Biografie zu widmen. Dies ist die kleine Ecke, in der Sie ein bisschen darüber schreiben, wer Sie sind bzw. in diesem Fall, was Ihr Unternehmen macht. Hier gilt es, vorsichtig zu sein, denn aus dieser Biografie beziehen Ihre Follower die meisten Infos über Ihre Marke. Sie wollen sie nicht mit zu viel Information überfrachten, aber auch nicht zu sparsam damit sein. Dieses Gleichgewicht ist schwer zu halten, also werde ich Ihnen hier eine Hilfestellung geben. Die beste Art, Ihre Biografie zu gestalten, ist, Ihren Namen als den Ihres Unternehmens oder Ihrer Marke festzulegen. Wenn Sie das getan haben, gehen Sie zu der Beschreibungssektion, wo Sie 150 Zeichen zur Verfügung haben, um der Welt von Ihrer Marke zu erzählen. In diesen 150 Zeichen werden Sie die Leute über Ihr Unternehmen informieren müssen und einen Link zu Ihrer Webseite einfügen, also handhaben Sie dies wie einen Tweet. Fassen Sie sich kurz, seien Sie aufgeräumt, offenherzig und nicht zu ernst. Ich werde das Beispiel der Kopfhörer nehmen, um Ihnen näher zu veranschaulichen, wie Sie am besten eine Biografie für Ihr Unternehmen schreiben:

Nutzername: @_WiFiHeadphones

Name: Wireless Music Inc.

Biografie: www.wifiearbuds.com

Wir bringen die Musik aus dem Netz direkt in Ihre Ohrmuschel.
#WiFiheadphones #wifIcanthearyou

Diese Biografie ist kurz und konzis, und erlaubt es Ihren Followern, zu sehen, was Sie verkaufen, ohne sie mit zu viel Information vollzustopfen. Sie müssen in der Lage sein, Ihren Followern zu zeigen, was genau Sie verkaufen, aber Sie haben nur einen sehr begrenzten Raum, um dies umzusetzen, also wählen Sie jeden einzelnen Buchstaben mit Bedacht. Sie können die Hashtags einsetzen, von denen Sie wollen, dass Ihre Follower sie verwenden, da dies der beste und einfachste Weg für sie ist, untereinander zu interagieren. Ihre Biografie muss kurz und bündig sein, aber gleichzeitig den menschlichen Touch enthalten, von dem wir schon öfters gesprochen haben. Dies ist ein sehr prekäres

Gleichgewicht, das es hier auf einem so kleinen Raum zu halten gilt. Wie Sie sehen können, habe ich oben Ohrmuschel geschrieben statt Ohr, damit die Leute was zum Schmunzeln haben. Auf diese Weise habe ich den menschlichen Touch in die Biografie eingeführt.

Sie können außerdem dafür Sorge tragen, dass die Leute, die sich Ihre Seite ansehen, mit Ihnen auf Ihrem Profil interagieren. Halten Sie Wettbewerbe ab. Diese Wettbewerbe können jegliche Form annehmen, die Ihnen passt. Wenn Sie zum Beispiel nicht wissen, was ein gutes neues Profilbild für Ihren Account wäre, machen Sie daraus einen Wettbewerb für Ihre Follower. Lassen Sie Zeichnungen davon einreichen, was sie denken, dass es Ihre Marke am besten repräsentieren würde, oder lassen Sie sie etwas designen, das mit Ihrer Marke zu tun hat, und benutzen Sie dies als Profilfoto. Sie können auch einzelne Follower featuren. Dabei sollte es sich um Follower handeln, die am meisten mit Ihrer Seite interagieren, zum Beispiel viele Kommentare schreiben, Shares tauschen, Likes, die Hashtags benutzen sowie alles andere. Indem Sic diese Leute auszeichnen, sorgen Sie dafür, dass sie sich als etwas Besonderes fühlen. Sie haben sich ja auch wirklich ausgezeichnet, indem sie sich um Ihre Seite verdient gemacht haben, und weil sie sich wertgeschätzt fühlen, werden sie nur noch wahrscheinlicher Ihr Produkt kaufen und mit anderen Leuten teilen, wie „down to earth“ Ihr Produkt ist.

Zudem wird oft übersehen, dass es wichtig ist, interaktiv zu bleiben. Sie müssen es merken, wenn sich die Leute mit Ihnen austauschen wollen. Sie können die Push-Benachrichtungsfunktion auf Ihrem Handy einschalten, sodass Sie benachrichtigt werden, wenn Sie ein Like oder einen Kommentar bekommen. Die meisten Leute schalten diese Funktion ab, weil sie nicht möchten, dass ihre Handys dauernd klingeln, es ist aber viel einfacher, mit den Leuten in Echtzeit auf dem neuesten Stand zu bleiben, wenn Sie die Funktion eingeschaltet lassen, insbesondere dann, wenn Sie in der Beliebtheit erst einmal steigen. Wenn Sie das nicht tun, werden Sie sich beim Einloggen stets einem großen Wust an Benachrichtigungen gegenübersehen, was zur Folge haben kann, dass Sie welche übersehen, die Sie auf keinen Fall hätten verpassen sollen.

Posten Sie beständig, tragen Sie aber Sorge dafür, dass Ihre Posts den Leuten leicht zugänglich bleiben, und nicht einfach ein Update, das besagt, dass Sie Ihrem Produkt gerade ein neues Feature hinzugefügt haben. Damit bekämen Sie vielleicht ein paar Kommentare, in denen die Leute sagen würden „Cool" oder „Ich seh's mir an", aber Sie werden damit nicht viele Leute dazu verleiten, sich wirklich mit Ihnen auszutauschen. Was Sie stattdessen machen werden, ist zum Beispiel, ein Foto von Ihrem Produkt in 2 verschiedenen Farben zu posten, versehen mit der Frage „welches ist eure Lieblingsfarbe?" Sie werden überrascht sein, wie viele Kommentare Sie mit einem solchen Post ernten können. Wie wir weiter oben bereits besprochen haben, je mehr Kommentare Sie kriegen, desto mehr Aufmerksamkeit erregen Sie, denn die Follower von allen, die Ihren Post kommentiert haben, können sehen, wofür die Kommentare hinterlassen wurden.

Um einen interaktiven Post zu kreieren, sollten Sie Ihren Followern darüber hinaus das Gefühl geben, dass sie Einfluss auf das Produkt nehmen können. Die beste Art, dies zu tun, ist zu posten, dass Sie ein neues Feature für Ihr Produkt herausbringen möchten, und den Leuten 2 Optionen zu geben, aus denen sie eine auswählen sollen. Der Clou hier ist, wirklich in Betracht zu ziehen, was dabei herauskommt. Denn letzten Endes sind Ihre Follower die Zielgruppe für Ihr Produkt. Dies ist außerdem ein guter Weg, herauszufinden, was die Leute wollen, um Ihr Produkt zu verbessern und es für seine potenziellen Käufer begehrenswerter zu gestalten.

Wie schon besprochen ist ein wichtiges Mittel dazu, Follower zu gewinnen, selbst anderen zu folgen. Folgen Sie Leuten aus Ihrer Zielgruppe und außerhalb Ihrer Zielgruppe. Die große Bandbreite der Leute, denen Sie folgen, wird sie für Ihre Marke interessieren und deshalb das Gefühl kriegen, dass Sie es darauf anlegen, Kontakt zu Leuten jeglicher Couleur herzustellen, nicht nur zu einer beschränkten Gruppe, was bewundernswert ist.

Tipp 8: Ihre Ziele

Setzen Sie sich Ziele für Ihr Instagramprofil. Wie bei jedem anderen Unterfangen auch, das Erfolg haben soll, ist es nötig, Ziele zu haben, die es zu erreichen gilt. Sonst wird es Ihnen früher oder später an der nötigen Motivation mangeln. Ziele sind es, die Sie voranbringen. Ohne Ziele gibt es keinen Grund, über den Punkt hinauszugehen, an dem Sie sich jetzt befinden. Die Ziele, die Sie sich setzen, sollten nicht nur für Ihr Instagram gelten, sondern auch für Ihr Unternehmen. Sie sollten aber miteinander verbunden sein. Sie sollten Ihre Follower in derselben Proportion vermehren, in der Sie Ihre Verkaufszahlen zu steigern wünschen. Im Durchschnitt wird einer von dreien, die Ihnen folgen, Ihr Produkt kaufen. Es werden mehr, wenn Ihre Preise bezahlbar sind, aber wir arbeiten hier fürs Erste mit Durchschnittswerten. Kommen wir nun zu den Zielen, die Sie sich setzen sollten.

Instagram Ziele

Sie sollten sich für das Wachstum Ihres Profils Ziele setzen. Diese Ziele müssen nicht allzu außergewöhnlich sein, sie müssen einfach dazu dienen, dass Sie sich bemühen, sie zu erreichen. Identifizieren Sie die Stellen, an denen Ihr Profil Überarbeitung notwendig hat, und machen Sie daraus ein Ziel, sie durchzuführen. Es folgen einige Beispiele für Dinge, die Sie sich als Ziel setzen könnten:

- Lassen Sie Ihre Gefolgschaft wachsen: Dieses Ziel ist der Klassiker. Sie werden sich ein Ziel für die Zahl setzen wollen, um welche Sie Ihre Followerzahlen in einer bestimmten Zeitspanne ansteigen sehen möchten. Sie können dieses Ziel auch anders formulieren, indem Sie sich ein Ziel dafür setzen, um wie viel Sie Ihre Verkaufszahlen steigen sehen wollen. Die durchschnittliche Proportion beträgt, wie bereits erwähnt, 1 : 3. Wenn Sie dieses Jahr 3000 Verkäufe mehr machen möchten, müssen Sie Ihre Followerzahl also um 9000 erhöhen. Das mag Ihnen auf den ersten Blick viel erscheinen, aber in Wirklichkeit wird es Ihnen überraschend leichtfallen, dieses Ziel zu erreichen, wenn Sie die richtige Strategie verfolgen, da Sie sich dafür ein ganzes Jahr Zeit gegeben haben.

- Kommentieren Sie mehr: Kommentare bringen Ihnen im Durchschnitt mehr Follower ein als jede andere Aktion, die Sie auf Instagram unternehmen können. Sie sollten sich das Ziel setzen, mehr Fotos zu kommentieren, denn Kommentare sind das Lebensblut von Instagram. Sie geben Ihnen erst die Follower, die Sie brauchen, um Ihre Seite am Laufen zu halten, und die Ihre Produkte kaufen. Wenn Sie nur, sagen wir, 100 Fotos pro Monat kommentieren, sollten Sie das definitiv vervierfachen. Das ist ein ziemlich einfaches Ziel, das Sie sich setzen können. Es ist eine kleine Herausforderung, besonders wenn Sie sehr beschäftigt sind. Sie können es trotzdem schaffen, wenn Sie sich die Zeit dafür nehmen.

- Tauschen Sie sich mehr aus: Ist Ihnen aufgefallen, dass Sie Mängel haben, was die Interaktion mit Ihren Followern angeht? Mangel an Interaktion kann tatsächlich dazu führen, dass Sie Follower verlieren. Machen Sie also die Interaktion mit Ihren Followern zu einer Priorität höchster Stufe. Das wird das Interesse für Ihr Produkt aufrechterhalten. So kriegen Sie die Leute sogar dazu, mehrmals bei Ihnen einzukaufen. Interaktion mit den Leuten, die Ihnen folgen, wird dafür sorgen, dass sie sich wertgeschätzt fühlen, und sie werden Sie deswegen vielleicht sogar teilen, ohne dass Sie darum betteln müssen, Shares zu tauschen. Je mehr Sie Ihre Follower wertschätzen, desto mehr werden diese dies wiederum zu schätzen wissen und Ihnen deshalb neue Follower bringen. Dieser Prozess ist ein Kreislauf. Halten Sie Wettbewerbe ab und gehen Sie sicher, den Followern Props zu geben, die am meisten auf Ihrer Seite aktiv sind. Geben Sie den Leuten das Gefühl, dass sie wirklich einen Einfluss auf das Produkt haben, das sie kaufen. Dadurch, dass Sie sich das Ziel setzen, letzteres öfter zu tun, erleichtern Sie gleichzeitig die Einlösung Ihrer anderen Ziele. Denn auf diese Art kriegen

Sie letztendlich Ihre Follower dazu, die anstrengende Fleißarbeit für Sie zu erledigen.

- Räumen Sie auf: Häufig werden unsere Instagram Profile von nutzlosem Müll verstopft. Dingen wie alten Fotos, die Sie nicht mehr brauchen. Setzen Sie es sich als Ziel, Ihre Bilder zu durchforsten und die auszusortieren, die Sie nicht mehr benötigen. Niemand will sich durch einen Haufen Müll in einem Feed durchgraben müssen. Man will schnell an die wichtigen Sachen herankommen, sonst kann es passieren, dass man die wirklich wichtigen Dinge verpasst. Also setzen Sie sich das Ziel, Ihr Profil sauber zu machen und zu halten, damit Ihre Kunden dort angenehm manövrieren können.

Geschäftsziele

Abgesehen von Ihren Instagramzielen sollten Sie sich auch Ziele für Ihr Unternehmen setzen. Diese Ziele sollten ehrgeizig sein, aber vernünftig. Sie wollen kein Ziel, das zu schwierig zu erreichen ist. Obwohl die Freude darüber, es erreicht zu haben, riesig wäre, könnte die Enttäuschung darüber, es nicht geschafft zu haben, umso größer sein. Versuchen Sie, einen guten Mittelweg zu finden. Setzen Sie sich ein herausforderndes, aber nicht zu herausforderndes Ziel. Auf diese Weise wird es ein Erfolg, auf den Sie stolz sein können, der aber trotzdem nicht zu schwierig zu erreichen ist, sodass Sie unnötigen Stress und Enttäuschung vermeiden. Es gibt einige Ziele, die Sie sich für Ihr Unternehmen setzen können. Aber für den Fall, dass Sie nicht wissen, welche Sie sich stellen sollen, folgen nun ein paar Vorschläge, um den Ball ins Rollen zu bringen.

- Wachstum der Verkaufszahlen: Dieses Ziel ist der Klassiker schlechthin. Nichtsdestotrotz neigen die Leute dazu, zu übertreiben, wenn sie dieses Ziel formulieren. Sie neigen dazu, mit einem weit größeren Wachstum der Verkaufszahlen zu rechnen, als das, das sie tatsächlich erreichen. Das führt dazu, dass sie das Geld ausgeben, bevor sie es eingenommen haben, in dem Gedanken befangen, dass sie reich werden werden. Dies ist ein schlechter Weg, der in den Bankrott führt. Rechnen Sie also mit vernünftigeren Wachstumszahlen. Man geht bei einer neugegründeten Firma durchschnittlich davon aus, dass die Verkäufe über einen Zeitraum von 3 Jahren um 1000 pro Jahr steigen werden. Das ist die Zahl für eine durchschnittliche Firma, die in Eigeninitiative geführt wird. Ein ehrgeiziges Ziel wäre es, sich vorzunehmen, 3000 Verkäufe pro Jahr mehr zu schaffen. Dies ist ein gutes Ziel, das man sich setzen kann. Geben Sie Ihr Geld nichtsdestotrotz auf keinen Fall aus, bevor Sie es eingenommen haben. Holen Sie sich keine Kreditkarte, nehmen Sie keine Kredite auf, die Sie mit Geld zurückzuzahlen gedenken, das Sie noch nicht verdient haben. Warten Sie, bis das Geld auf Ihrem Konto angekommen ist, um es nach Gutdünken auszugeben. Wenn Sie sich an diese Vorgaben halten, werden Sie in der Lage sein, mit Ihrer Marke im Rennen zu bleiben für Jahre und Jahre.

- Konzentration: Am Anfang ist so viel zu tun, um eine Firma ins Rollen zu bringen. Es wird dann schwierig, sich auf die Bereiche zu konzentrieren, die der Nachbesserung bedürfen, da Ihre Aufmerksamkeit in alle Richtungen verteilt ist. Wenn Sie also erst einmal das Fundament gelegt haben, ist es an der Zeit, sich auf die Dinge zu konzentrieren, die Überarbeitung brauchen. Dabei könnte es sich um Effizienz, Kosten, Design oder was auch immer handeln, das einer Nachbesserung bedarf, um Ihr Produkt noch besser zu machen, als es bereits ist. Sie werden es jedoch so gewöhnt sein, sich auf alles auf einmal zu konzentrieren, dass es Ihnen schwerfallen wird, sich auf einen einzelnen Aspekt Ihres Produkts festzulegen. Dies müssen Sie jedoch bewerkstelligen, um wirklich sichergehen zu können, dass alle Fehler bereinigt werden. Es ist wichtig, dass Sie sich darauf konzentrieren können, was repariert werden muss, um Ihren Kunden zu demonstrieren, dass Sie bereit dazu sind, alles zu unternehmen, was notwendig ist, um zu garantieren, dass sie das bestmögliche Produkt bekommen. Auf diese Art beweisen Sie Ihren Kunden, dass Sie wirklich Wert darauf legen, was sie denken, und deshalb werden sie Ihr Produkt mit anderen teilen. Sich auf diese Aspekte zu konzentrieren, hilft Ihnen letztendlich vor allem dabei, Ihre Verkaufszahlen zu erhöhen.

· Erhöhen Sie das Markenbewusstsein: Das gilt nicht nur für Instagram. Sie wollen, dass Ihre Marke in den durchschnittlichen Haushalt einzieht, dass jemand seine Freunde zu sich einlädt und sagt, „guckt mal, was ich mir gerade gekauft habe“, und dass die Leute auf Ihr Produkt neidisch werden, sodass sie losziehen und sich eine eigene Ausgabe Ihres Produkts besorgen. Sie sollten sich das Ziel setzen, mindestens einen Fernsehwerbespot pro Jahr zu produzieren. Die sind nicht billig, aber so kriegen Sie Ihren Markennamen im ganzen Land raus in die Haushalte. Ein Langzeitziel sollte es für Sie sein, einen Werbespot auf den populärsten Sendern in der besten Sendezeit zu platzieren. Dies ist jedoch ein sehr kostenintensives Ziel, und Sie sollten sich dies nicht für Ihr erstes Jahr vornehmen, es sei denn, Ihre Firma läuft wirklich extrem gut.

Das waren einige der Ziele für Ihr Unternehmen. Natürlich können Sie sich zum Ziel setzen, was auch immer Sie wollen. Den

Grad an Ehrgeiz legen Sie selber fest, aber behalten Sie dabei immer den Gedanken an Ihre eigene mentale Gesundheit im Hinterkopf. Die Ziele, die ich Ihnen vorgeschlagen habe, sind nur meine Ideen darüber, was Sie tun könnten. Die Möglichkeiten sind unendlich. Setzen Sie Ihre Ziele so hoch oder niedrig an, wie Sie es für richtig halten. Haben Sie vor allem keine Angst davor, sich zu freuen, wenn Sie sie erreicht haben.

Kapitel 6: Inhaltskalender und Leitsätze

Die folgenden Hinweise sind kleine Tipps, die Ihnen bei der Erreichung Ihres Ziels, Ihren Markennamen auf Instagram zu verbreiten, helfen sollen.

Tipp 9: Inhaltskalender

Richten Sie einen Kalender für Ihre Inhalte ein: Dies ist ein guter Weg, die Leute dafür zu begeistern, was Sie posten. Ein Inhaltskalender ist ein festgelegter Post an einem bestimmten Tag. Es könnte einmal in der Woche sein, einmal im Monat oder einmal im Jahr. Es ist jedoch zu empfehlen, dass der Zeitabstand nicht größer als ein Monat sein sollte. Diese Inhaltskalender können Dinge wie Videos oder Promotions sein, die Sie kreieren, um die Leute mit Ihrem Produkt zu involvieren. Sie könnten Coupons an jedem dritten Dienstag des Monats anbieten oder etwas in der Art. Wichtig ist, dass Sie die Leute involvieren. Nun folgen einige Tipps dafür, wie Sie so einen Inhaltskalender am besten einrichten.

- Legen Sie los: Das erste Mal wird eine coole Zugabe zu Ihrem Feed sein und Ihre Follower mit Leichtigkeit an Ihr

Produkt binden. Sie müssen Ihren Followern beim ersten Mal klarmachen, dass das eine regelmäßige Aktion wird.

- Beständigkeit: Gehen Sie sicher, dass Ihr Post stets am selben Tag kommt. Ansonsten ist es nur ein sporadischer Event und gibt Ihren Followern nichts, worauf sie sich freuen können. Sie müssen sie begeistern und wollen, dass sie Ihre Seite regelmäßig besuchen, und dass sie dazu in der Lage sind, ihren Freunden davon zu erzählen. Sie können ihren Freunden jedoch nicht davon erzählen, wenn sie nicht wissen, wann die nächste Promotion starten wird.

- Dieselbe Zeit: Abgesehen davon, dass Sie stets am selben Tag posten sollten, sollten Sie auch immer zur selben Uhrzeit posten. Diese Beständigkeit wird Ihrer Sache nur dienlich sein, denn die Leute können sich jetzt gegenseitig erzählen, wann genau mit einer coolen neuen Promo zu rechnen ist.

Das Etablieren von Konsistenz ist der Clou dabei, einen Inhaltskalender zu erstellen. Sie wollen, dass die Leute in der Lage sind, die Neuigkeit zu verbreiten, und Sie wollen sie begeistern. Das heißt, dass Sie konsistent sein müssen, sodass die Leute wissen, was sie zu erwarten haben.

Tipp 10: Der Leitsatz Ihres Unternehmens

Sie haben ein Statement, das besagt, was Ihre Marke ist. Dies ist sozusagen Ihre Firmenphilosophie. Es handelt sich dabei um ein paar kurze Worte, die eine ganze Menge Inhalt zusammenpacken und den Leuten dabei helfen werden, besser zu verstehen, worum es bei Ihrer Marke geht. Solche Leitsätze sind leider häufig zu lang, weil man dabei nicht auf die Länge achten muss. Hier sind ein paar Tipps dazu, wie Sie die Leitsätze Ihrer Firma am besten formulieren und vermeiden, dass sie zu lang werden.

- Seien Sie kurz und bündig: Das bedeutet, nur so viele Worte zu benutzen, wie absolut nötig. Niemand möchte lesen, wie jemand ewig einen Text herunterleiert, wenn ein paar einfache Worte genügt hätten. Das ist es, worum es bei der Formulierung Ihrer Leitsätze geht. Anstatt: „Hannos Pizzas: Heimat der leckersten, schmackhaftesten, tollsten, heißesten und am besten belegten Pizzas der ganzen Stadt“ schreiben Sie: „Hannos Pizzas: Die beste Pizza der Stadt.“ Das sagt sich weitaus schneller und rollt viel leichter über die Zunge als die erste Version. Sie wollen Ihr Produkt vermarkten und nicht die Leute damit langweilen.

- Seien Sie lustig: Zu häufig sind die Leitsätze einer Firma überfrachtet und langweilig. Sie wollen, dass die Leute Freude daran haben, Ihre Leitsätze zu lesen, und dass sie daran denken, wenn sie ganz normale Worte auf der Straße hören. Denn wenn sie Spaß daran haben, wird es sich ihnen ins Gedächtnis brennen, und die einfachsten Anlässe werden sie daran erinnern. Um nochmal das Beispiel mit dem Restaurant aufzugreifen. Was würden Sie lieber hören: „Rick‘s Steakhaus: Hier wird gebraten, was Sie bringen" oder "Rick‘s Steakhaus: Sie killen es, wir grillen es"? Die zweite Version ist lustiger und die Chancen stehen gut, dass wenn sie die Worte „Grillen“ oder „Steakhaus“ hören, sie an diesen Slogan denken werden.

Dies waren ein paar Arten, Ihre Leitsätze interessanter zu gestalten. Wichtig ist, dass Sie kreativ sind. Man muss einen eigenständigen Stil durchscheinen sehen. So etwas zieht die Leute an, weil Sie auf diese Weise etwas schaffen werden, das einzigartig ist, und das ist es, was Ihnen Kunden bringt. Die Leute suchen ständig nach neuen und interessanten Dingen und, indem Sie diese liefern, sind Sie auf dem Weg zum Erfolg.

Schlussbemerkung

Vielen Dank nochmal für den Kauf dieses Buches. Danke fürs Lesen. Ich hoffe sehr, Sie fanden es informativ und nützlich für Ihre eigenen Unternehmungen, da Sie hier über die besten Wege informiert wurden, wie Sie Ihren Namen und das Produkt, das Sie repräsentieren, vermarkten können.

Vielen Dank!

Printed in Poland
by Amazon Fulfillment
Poland Sp. z o.o., Wrocław

85038891R00087